まじめに、楽《たの》しく取《と》り組《く》める、ニャンともお得《とく》なドリルです。

「漢字《かんじ》」×「ネコあるある」×「五七五《ごしちご》のリズム」で、ネコと漢字がよくわかる！

「にゃんこ豆《まめ》ちしき」で、ネコがもっと好《す》きになる！

十五回《じゅうごかい》×四日《よっか》で学年《がくねん》の漢字をすべて学習《がくしゅう》できます。（三回《さんかい》くり返《かえ》し、一回確認《いっかいかくにん》の計《けい》四日）。

※「ネコのあるある五七五」で作《つく》っていますので、同《おな》じ漢字が複数《ふくすう》出《で》ることがあります。

あるある五七五

問題文《もんだいぶん》はすべて「ネコあるある」！「五七五のリズム」で楽しく漢字を学習できます。

三回同じ問題文をくり返して自然《しぜん》と漢字を覚《おぼ》え、きれいな字形《じけい》が身《み》につきます。

にゃんこ豆ちしき

あるある五七五の中《なか》から、ネコのことがもっとわかって好きになる豆ちしきをしょうかい。

漢字のかくにん

三回くり返して学習したからもうだいじょうぶ！最後《さいご》の確認テストです。

にゃんこ豆ちしきけんてい

ネコのことも覚えてくれたかニャ？これができたら、りっぱなネコはかせ！

本書《ほんしょ》の売《う》り上《あ》げの一部《いちぶ》は、保護猫活動《ほごねこかつどう》に寄付《きふ》されます。

『猫庭とは　～みんなで見守る～』

『猫庭《ねこにわ》』は、山口県《やまぐちけん》の「てしま旅館《りょかん》」にあります。
かい主《ぬし》のいないネコが、新《あら》たな家族《かぞく》を見つけるためのお家《うち》です。
館長《かんちょう》は、手島姫萌《てしまひめも》さんといいます。

『猫庭《ねこにわ》』ができたきっかけは、「捨《す》てネコ」でした。
小学生《しょうがくせい》だった姫萌《ひめも》さんと兄弟《きょうだい》は、捨《す》てられたネコを見《み》つけて、
「お家《うち》でかいたい」とおうちの人に相談《そうだん》します。
最初《さいしょ》は、だめと言《い》われます。だって、お父《とう》さんは大《だい》の「ネコぎらい」！
でも、捨《す》てられたネコをそのままにしておくことはできません。
「自分《じぶん》たちで世話《せわ》をする！」と約束《やくそく》をしてかうことができました。
ネコを育《そだ》てるうちに、姫萌《ひめも》さんたちは捨《す》てられたネコが、
だれにもかかわれなかったらどうなるかを知《し》ります。
「さつしょぶん」といって、ころされてしまうのです……。

それから、「自分《じぶん》たちに何《なに》かできることがないだろうか」と
話《はな》し合《あ》い「家がしている旅館《りょかん》の庭《にわ》に、ネコのお家《うち》を作《つく》ろう」
と考えて始まったのが『猫庭《ねこにわ》』です。

たくさんの人《ひと》も協力《きょうりょく》もあり、二〇一六年《にせんじゅうろくねん》「猫庭《ねこにわ》」は完成《かんせい》します。
姫萌《ひめも》さんは、なんと小学生《しょうがくせい》で猫庭《ねこにわ》の館長《かんちょう》さんになりました。

猫庭《ねこにわ》は、「山口県《やまぐちけん》のさつしょぶんをゼロに」を目標《もくひょう》に、
捨《す》てられたネコを保護《ほご》して、新《あたら》しい家族《かぞく》に会《あ》える手助《てだす》けをしています。
もちろん「ネコに会《あ》える旅館《りょかん》」として、ネコたちもお客《きゃく》さんに大人気《だいにんき》。
人《ひと》もネコも助《たす》け合《あ》って、過《す》ごしています。
（お父《とう》さん、今《いま》では大《だい》の「ネコ好《ず》き」なったそうですよ）

猫庭《ねこにわ》の活動《かつどう》は、コチラ↓

二年生　もくじ

（何ども出てくるかん字があります）

1日目

名前

あるある五七五 ①

1 つぎの五七五《ごしちご》を音読《おんどく》して、□の中《なか》の漢字《かんじ》をなぞりましょう。

① 鳴《な》かないで　何《なに》かちょうだい　目《め》で語《かた》る

② 午《ご》前《ぜん》中《ちゅう》　ずっとお昼《ひる》ね　午《ご》後《ご》からも

③ 顔《かお》あらい　頭《あたま》そらして　毛《け》づくろい

④ われ先《さき》に　魚《ぎょ》肉《にく》を食《た》べる　兄《きょう》弟《だい》で

⑤ 鳥《とり》の声《こえ》　聞《き》こえ外《そと》見《み》て　カカカと鳴《な》く

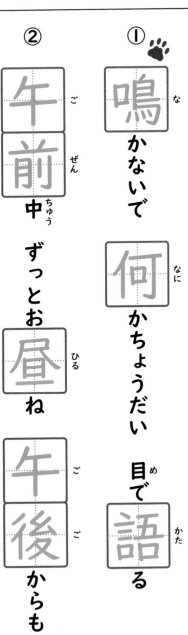

1日目 にゃんこ豆ちしき①

見《み》つめるのは、なか間《ま》のあかし

2 今日《きょう》のにゃんこ豆《まめ》ちしきを読《よ》んでみよう！

鳴《な》かないで　何《なに》かちょうだい　目《め》で語《かた》る

キラキラした目《め》でジーッと見《み》つめてくるネコ。「なぜ鳴《な》かずに、見《み》つめるのだろう？」と思《おも》いませんか？

じつは、外《そと》でくらすネコは一《いっ》ぴきでくらしてます。なか間《ま》と話《はなし》をするひつようもありません。それに目《め》が合《あ》うとケンカになってしまうことも……。

ところが、小《ちい》さいころから人《ひと》とくらしてきたネコはちがいます。

これは、見《み》つめたら、やさしくかまってくれたことおぼえていて、なか間《ま》だと思《おも》ってくれているのです。

2日目

名前

あるある五七五 ①

1 つぎの五七五《ごしちご》を音読《おんどく》して、□の中《なか》の漢字《かんじ》を書《か》きましょう。

① 鳴《な》かないで 何《なに》かちょうだい 目《め》で語《かた》る

② 午《ご》前《ぜん》中《ちゅう》 ずっとお昼《ひる》ね 午《ご》後《ご》からも

③ 顔《かお》あらい 頭《あたま》そらして 毛《け》づくろい

④ われ先《さき》に 魚《ぎょ》肉《にく》を食《た》べる 教《きょう》台《だい》で

⑤ 鳥《とり》の声《こえ》 聞《き》こえ外《そと》見《み》て カカカと鳴《な》く

2日目 にゃんこ豆ちしき ②

『ネコは〝夜行《やこう》せい〟ではない！』

2 今日《きょう》のにゃんこ豆《まめ》ちしきを読《よ》んでみよう！

午前中《ごぜんちゅう》 ずっとお昼《ひる》ね 午後《ごご》からも

ネコは昼間《ひるま》にずっとねているので、夜《よる》に活《かつ》どうする「夜行《やこう》せい」と思《おも》われています。

しかし、本当《ほんとう》は明《あ》け方《がた》と夕《ゆう》ぐれが一《いち》番活《ばんかつ》どうてきになるのです。

これは、ネコのえものであるネズミや、鳥《とり》の活《かつ》どう時間《じかん》だからです。

ちなみに、ネコのねている時間《じかん》は、一日《いちにち》だいたい十二《じゅうに》から十六《じゅうろく》時間《じかん》といわれています。

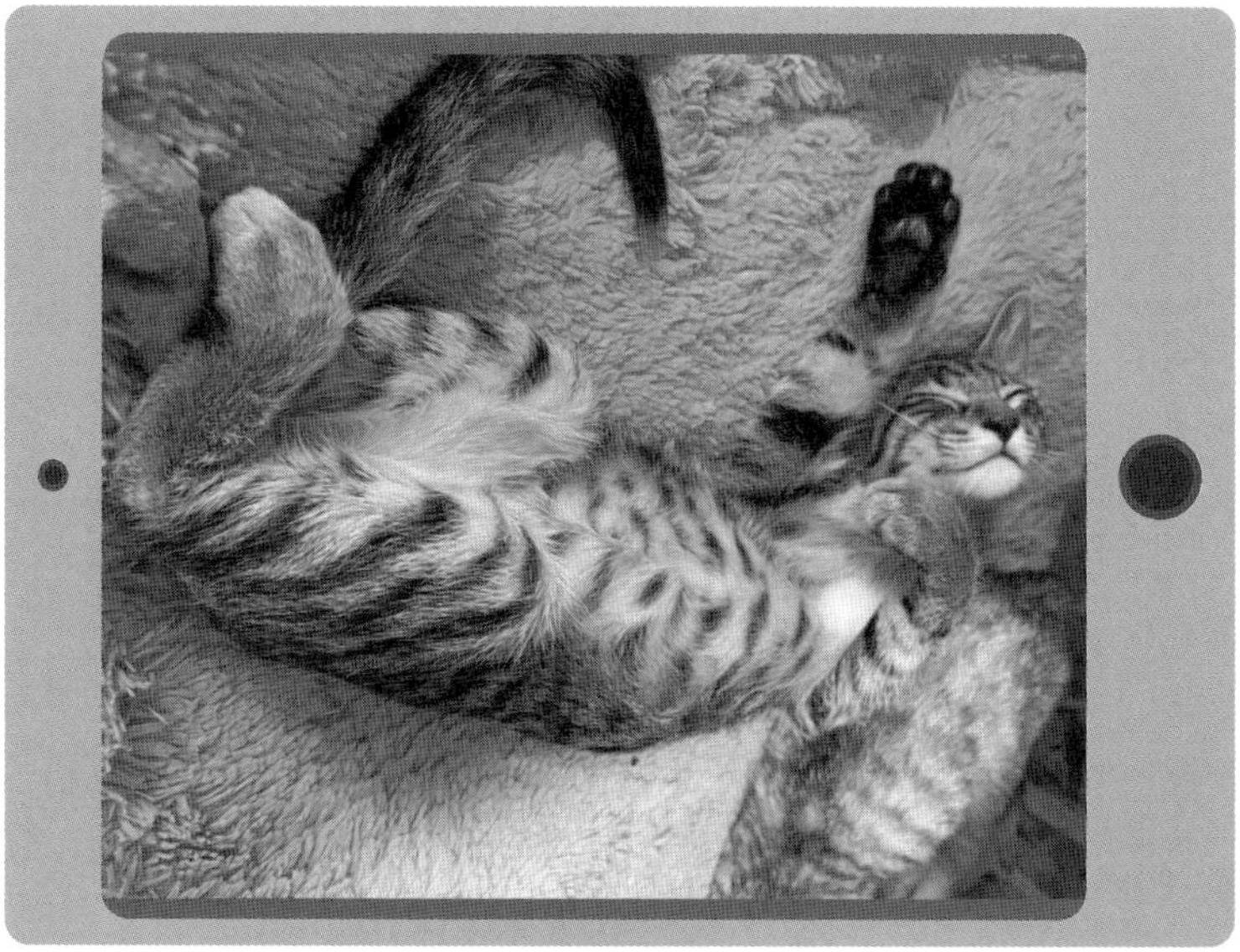

3日目

名前

あるある五七五 ①

1 つぎの五七五《ごしちご》を音読《おんどく》して、□の中《なか》の漢字《かんじ》を書《か》きましょう。

① □《な》かないで □《なに》かちょうだい 目《め》で□《かた》る

② □《ご》□《ぜん》中《ちゅう》 ずっとお□《ひる》ね □《ご》□《ご》からも

③ □《かお》あらい □《あたま》そらして □《け》づくろい

④ われ先《さき》に □《ぎょ》□《にく》を□《た》べる □《きょう》□《だい》で

⑤ □《とり》の□《こえ》 □《き》こえ□《そと》見《み》て カカカと □《な》く

3日目 にゃんこ豆ちしき ③

『かいネコがカカカッと鳴《な》くわけ』

2 今日《きょう》のにゃんこ豆《まめ》ちしきを読《よ》んでみよう!

鳥《とり》の声《こえ》 聞《き》こえ外《そと》見《み》て カカカと鳴《な》く

ネコはまどの外《そと》にいる鳥《とり》を見《み》て、「カカカッ」と鳴《な》くことがあります。

これは、近《ちか》くに鳥《とり》がいてこうふんしているのと、つかまえに行《い》けないことのストレスだといわれています。

この行《こう》どうをするのは、かいネコであったり、わかいネコに多《おお》いです。

でも、野《の》らネコだったネコにはない行《こう》どうです。それは、外《そと》で声《こえ》を出《だ》すとてきに自分《じぶん》の場《ば》しょを知《し》らせることになってしまうからです。

4日目

①のかくにん

　／21点

名前

1 つぎの五七五《ごしちご》を音読《おんどく》して、□の中《なか》の漢字《かんじ》を書《か》きましょう。

① □《な》かないで　□《なに》かちょうだい　目《め》で□《かた》る

② □《ご》□《ぜん》中《ちゅう》　ずっとお□《ひる》ね　□《ご》□《ご》からも

③ □《かお》あらい　□《あたま》そらして　□《け》づくろい

④ われ先《さき》に　□《ぎょ》□《にく》を□《た》べる　□《きょう》□《だい》で

⑤ □《とり》の□《こえ》　□《き》こえ□《そと》見《み》て　カカカと□《な》く

4日目 けんていもんだい

にゃんこ豆《まめ》ちしきけんてい ①

3点

2 にゃんこ豆《まめ》ちしきのけんてい問題《もんだい》にちょうせん！

① かいネコが人間《にんげん》をじーっと見《み》つめるのはなぜ？

□□□だと思っているから

② ネコの一日《いちにち》のすいみん時間《じかん》は、だいたい何時間《なんじかん》？

□《じゅう》□《に》時間《じかん》から□《じゅう》□《ろく》時間《じかん》

③ 野《の》らネコが鳥《とり》に向《む》かって鳴《な》かないのはなぜ？

□《じ》□《ぶん》の□《ば》□□を知《し》らせることになるから

1日目

名前

あるある五七五 ②

1 つぎの五七五《ごしちご》を音読《おんどく》して、□の中《なか》の漢字《かんじ》をなぞりましょう。

⑥ 茶《ちゃ》トラ鳴《な》き　出《で》かける父《とう》さん　引《ひ》きとめる

⑦ 引《ひ》っこして　新《しん》きょのへやを　一《ひと》回《まわ》り

⑧ 読《どく》書《しょ》時《じ》間《かん》　近《ちか》づいてきて　本《ほん》の上《うえ》

⑨ 顔《かお》見《み》知《し》り？　ろじで出《で》会《あ》った　にゃんこたち

⑩ 算《さん》数《すう》の　教《きょう》科《か》書《しょ》の上《うえ》　あそびだす

1日目　にゃんこ豆ちしき ④

『ネコも時間《じかん》がわかる』

2　今日《きょう》のにゃんこ豆《まめ》ちしきを読《よ》んでみよう！

茶《ちゃ》トラ鳴《な》き　出《で》かける父《とう》さん　引《ひ》きとめる

家《いえ》の中《なか》でくらしているネコは、人《ひと》が出《で》かける時間《じかん》や、じゅんびしていることがわかります。

だれかがきがえをしたり、家《いえ》の中《なか》をバタバタうごき回《まわ》っていると、それに気《き》がついてあまえるのです。

そのよう子《す》は「外《そと》になんて行《い》かずに一《いっ》しょにいて！」とでも言《い》っているようです。

また、毎日《まいにち》同《おな》じ時間《じかん》に出《で》かけるなら、その時間《じかん》もおぼえています。

2日目

名前

あるある五七五 ②

1 つぎの五《ご》七《しち》五《ご》を音読《おんどく》して、□の中《なか》の漢字《かんじ》を書《か》きましょう。

⑥ □《ちゃ》トラ□《な》き 出《で》かける□《とう》さん □《ひ》きとめる

⑦ □《ひ》っこして □《しん》きょのへやを 一《ひと》□《まわ》り

⑧ □《どく》□《しょ》□《じ》□《かん》 □《ちか》づいてきて 本《ほん》の上《うえ》

⑨ □《かお》見《み》□《し》り？ ろじで出《で》□《あ》った にゃんこたち

⑩ □《さん》□《すう》の □《きょう》□《か》□《しょ》の上《うえ》 あそびだす

2日目　にゃんこ豆ちしき⑤

『新《あたら》しい場所《ばしょ》ではまず見回《みまわ》り！』

2 今日《きょう》のにゃんこ豆《まめ》ちしきを読《よ》んでみよう！

引《ひ》っこして　新《しん》きょのへやを　一回《ひとまわ》り

ネコはあん心《しん》してくらすため、自分《じぶん》の場《ば》しょを大切《たいせつ》にする生《い》きものです。毎日見回《まいにちみまわ》りをするのも、その一《ひと》つ。「何《なに》かかわったことや、きけんはないかな？」と、かくにんしています。

ですから、ネコがお引《ひ》っこしするのは大《たい》へんです。知《し》らない場《ば》しょはどんなところか、てきやほかのネコはいないか、たしかめていきます。

ネコが家《いえ》に来《き》たばかりのときは、おちつくまで、やさしく見《み》まもってあげましょう。

3日目

名前

あるある五七五 ②

1 つぎの五七五《ごしちご》を音読《おんどく》して、□の中《なか》の漢字《かんじ》を書《か》きましょう。

⑥ □《ちゃ》トラ□《な》き　出《で》かける□《とう》さん　□《ひ》きとめる

⑦ □《ひ》っこして　□《しん》きょのへやを　一《ひと》□《まわ》り

⑧ □《どく》□《しょ》□《じ》□《かん》　□《ちか》づいてきて　本《ほん》の上《うえ》

⑨ □《かお》見《み》□《し》り？　ろじで出《で》□《あ》った　にゃんこたち

⑩ □《さん》□《すう》の　□《きょう》□《か》□《しょ》の上《うえ》　あそびだす

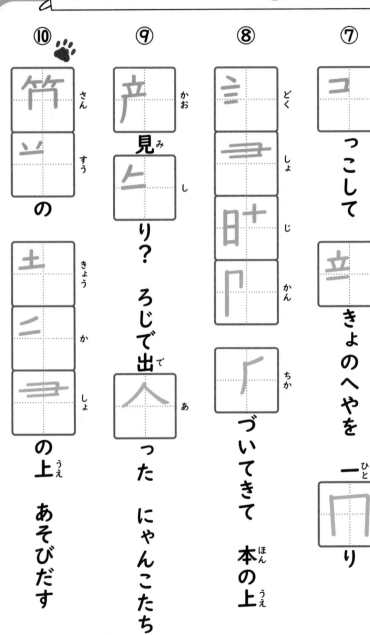

3日目 にゃんこ豆ちしき⑥

『じつはあまえんぼうなネコ！』

❷ 今日《きょう》のにゃんこ豆《まめ》ちしきを読《よ》んでみよう！

算数《さんすう》の 教科書《きょうかしょ》の上《うえ》 あそびだす

べんきょうをしたり、テレビやスマホを見《み》ていると、ネコがドンと目《め》の前《まえ》にやってくることがあります。

プリントにのってしまったり、画《が》めんの前《まえ》にすわりこんだり。「もうっ！」とこまりながら少《すこ》しうれしい気《き》もちもします。

でも、なぜそんなことをするのでしょうか？　それは、いっしょにいる大《だい》すきな人《ひと》に自分《じぶん》を見《み》てもらいたいから。ネコなりのアピールなのです。

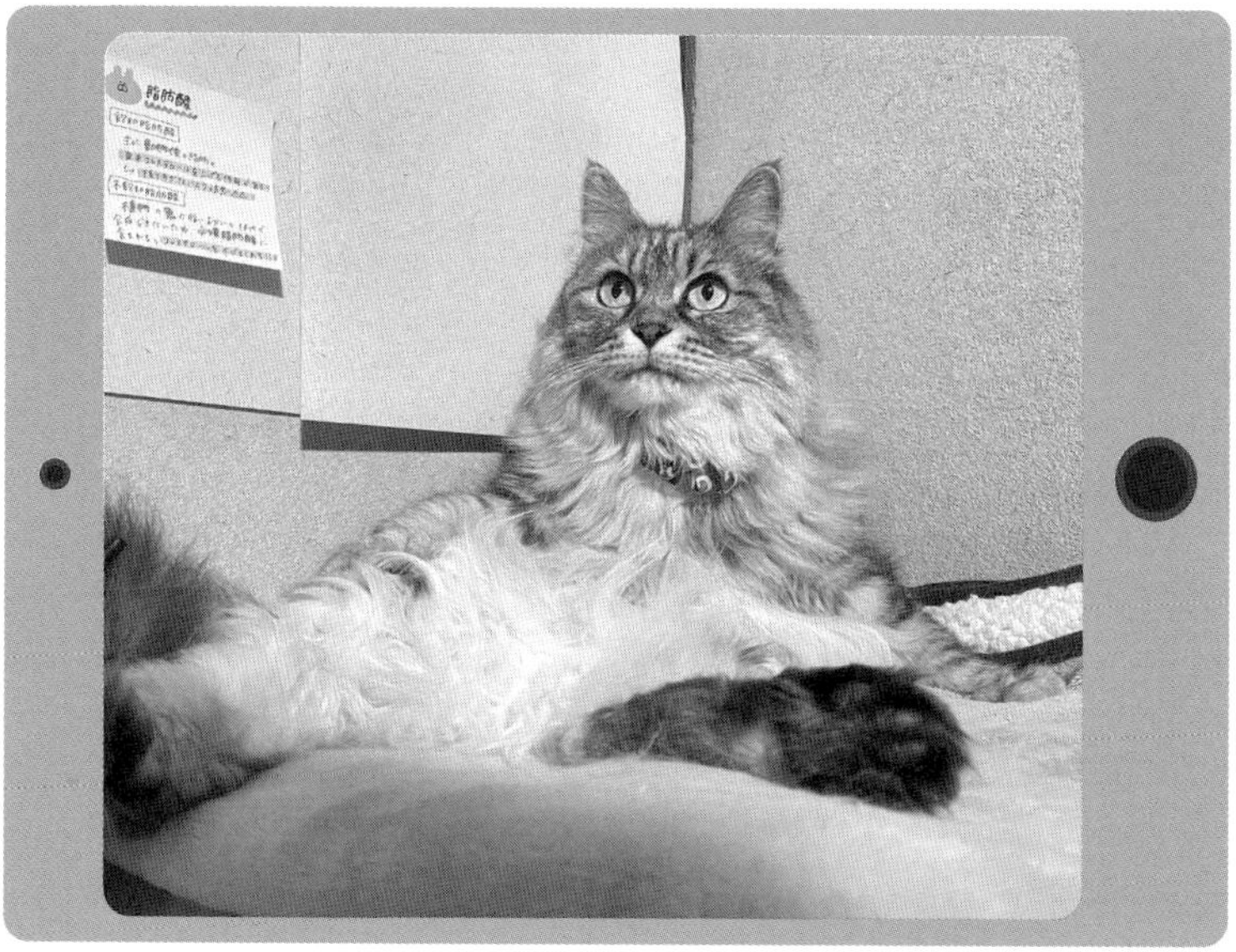

4日目

②のかくにん

／20点

名前

つぎの五七五《ごしちご》を音読《おんどく》して、□の中《なか》の漢字《かんじ》を書《か》きましょう。

⑥ □《ちゃ》トラ□《な》き　出《で》かける　□《とう》さん　□《ひ》きとめる

⑦ □《ひ》っこして　□《しん》きよのへやを　一《ひと》□《まわ》り

⑧ □《どく》□《しょ》□《じ》□《かん》　□《ちか》づいてきて　本《ほん》の上《うえ》

⑨ □《かお》見《み》□《し》り？　ろじで出《で》□《あ》った　にゃんこたち

⑩ □《さん》□《すう》の　□《きょう》□《か》□《しょ》の上《うえ》　あそびだす

4日目 けんていもんだい

にゃんこ豆《まめ》ちしきけんてい ②

3点

2 にゃんこ豆《まめ》ちしきのけんてい問題《もんだい》にちょうせん！

① 人《ひと》とくらすネコがわかっているのは、どんな時間《じかん》？

人《ひと》が□《で》□□□時間《じかん》

② ネコが毎日《まいにち》見回《みまわ》りをするのはどうして？

かわったことや□□□はないかかくにんしている

③ べんきょうしているときに、目《め》の前《まえ》にくるのはなぜ？

□《だい》□□な人《ひと》に□《じ》□《ぶん》を見《み》てもらいたいから

1日目

名前

あるある五七五 ③

1 つぎの五七五《ごしちご》を音読《おんどく》して、□の中《なか》の漢字《かんじ》をなぞりましょう。

⑪ 図《ず》画《が》工《こう》作《さく》 ネコの絵《え》かいた 白《しろ》ネコだ

⑫ ネコトイレ 今《こん》週《しゅう》当《とう》番《ばん》 妹《いもうと》だ

⑬ ふみ台《だい》で 高《たか》くジャンプし ちゃく地《ち》する

⑭ 帰《かえ》りまつ 黒《くろ》ネコ戸《と》口《ぐち》で 母《はは》にじゃれ

⑮ 遠《とお》くの道《みち》 ネコがよこ切《ぎ》る 春《はる》の朝《あさ》

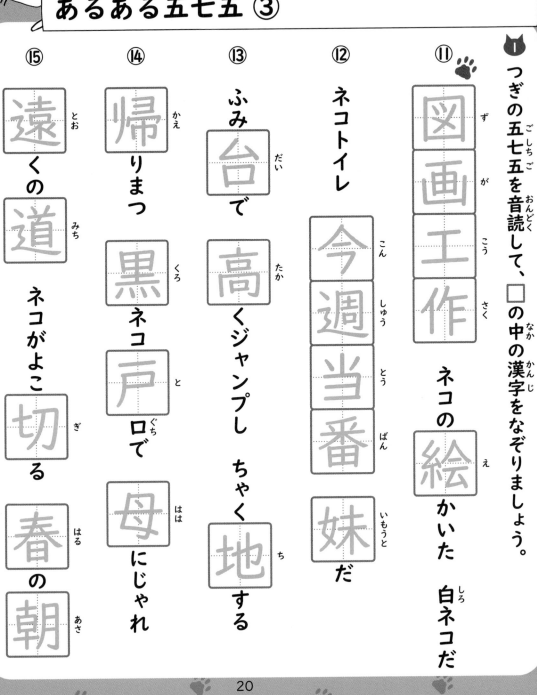

1日目　にゃんこ豆ちしき ⑦

『じつは、つま先《さき》立《だ》ち！』

2 今日《きょう》のにゃんこ豆《まめ》ちしきを読《よ》んでみよう！

図《ず》画《が》工《こう》作《さく》　ネコの絵《え》かいた　白《しろ》ネコだ

人間《にんげん》とネコ、ちがう生《い》きものなので、体《からだ》のしくみもちがいます。

たとえば、ネコの足《あし》。肉《にく》きゅうがあるのはよく知《し》られていますが、じつはあれは「つま先《さき》」です。

後《うし》ろ足《あし》の、大《おお》きくて後《うし》ろのまがっている角《かど》のところが、かかとなのです。

つまり、ネコはいつも「つま先《さき》立《だ》ち歩《ある》き」をしているのです。

そういうしくみも知《し》って絵《え》をかくと、今《いま》よりもじょうずにかけるかも？

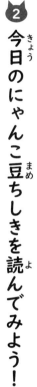

2日目

名前

あるある五七五 ③

1 つぎの五七五《ごしちご》を音読《おんどく》して、□の中《なか》の漢字《かんじ》を書《か》きましょう。

⑪ □《ず》□《が》□《こう》□《さく》 ネコの□《え》かいた 白《しろ》ネコだ

⑫ ネコトイレ □《こん》□《しゅう》□《とう》□《ばん》 □《いもうと》だ

⑬ ふみ□《だい》で □《たか》くジャンプし ちゃく□《ち》する

⑭ □《かえ》りまつ ネコ□《くろ》□《と》口《ぐち》で □《はは》にじゃれ

⑮ □《とお》くの□《みち》 ネコがよこ□《ぎ》る □《はる》の□《あさ》

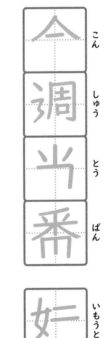

2日目 にゃんこ豆ちしき ⑧

『ネコトイレは毎日《まいにち》せいけつに！』

2 今日《きょう》のにゃんこ豆《まめ》ちしきを読《よ》んでみよう！

ネコトイレ　今週当番《こんしゅうとうばん》　妹《いもうと》だ

ネコがおしっこをした後《あと》、すなをかけるすがたをよく見《み》ると思《おも》います。

ネコすなを入《い》れているトイレだと、おしっこなどですながかたまります。

そのかたまったすなをうめてにおいをかくし、きれいにしているのです。

これは、てきからにおいをかくしているのです。お家《うち》では、そのかたまりは毎日《まいにち》とって、一週間《いっしゅうかん》に一回《いっかい》はネコすなをとりかえましょう。

ネコも、トイレをせいけつにすることで、けんこうにくらせます。

3日目

名前

あるある五七五 ③

1 つぎの五七五《ごしちご》を音読《おんどく》して、□の中《なか》の漢字《かんじ》を書《か》きましょう。

⑪ □《ず》□《が》□《こう》□《さく》　ネコの□《え》かいた　白《しろ》ネコだ

⑫ ネコトイレ　□《こん》□《しゅう》□《とう》□《ばん》　□《いもうと》だ

⑬ ふみ□《だい》で　□《たか》くジャンプし　ちゃく□《ち》する

⑭ □《かえ》りまつ　□《くろ》ネコ□《と》口《ぐち》で　□《はは》にじゃれ

⑮ □《とお》くの□《みち》　ネコがよこ□《ぎ》る　□《はる》の□《あさ》

3日目 にゃんこ豆ちしき ⑨

ジャンプ力《りょく》がすごい！

2 今日《きょう》のにゃんこ豆《まめ》ちしきを読《よ》んでみよう！

ふみ台《だい》で 高《たか》くジャンプし ちゃく地《ち》する

ネコが高《たか》いところにすわっているのをよく見《み》かけます。

おどろくほど高《たか》い場《ば》しょまでとび上《あ》がることがありますが、どれくらいジャンプできるのでしょう？

なんとネコは、自分《じぶん》の体長《たいちょう》の五《ご》ばいくらいの高《たか》さまでジャンプできるそうです。高《たか》さにすると一《いち》メートルから二《に》メートルくらいになります。

人間《にんげん》のしん長《ちょう》より高《たか》いところまで、じょ走《そう》なしでの大《だい》ジャンプ！

すごいですね。

4日目

③のかくにん

/22点

名前

1 つぎの五七五《ごしちご》を音読《おんどく》して、□の中《なか》の漢字《かんじ》を書《か》きましょう。

⑪ □《ず》□《が》□《こう》□《さく》　ネコの□《え》かいた　白《しろ》ネコだ

⑫ ネコトイレ　□《こん》□《しゅう》□《とう》□《ばん》　□《いもうと》だ

⑬ ふみ□《だい》で　□《たか》くジャンプし　ちゃく□《ち》する

⑭ □《かえ》りまつ　□《くろ》ネコ□《と》口《ぐち》で　□《はは》にじゃれ

⑮ □《とお》くの□《みち》　ネコがよこ□《ぎ》る　□《はる》の□《あさ》

4日目 けんていもんだい

にゃんこ豆《まめ》ちしきけんてい ③

3点

2 にゃんこ豆《まめ》ちしきのけんてい問題《もんだい》にちょうせん！

① ネコはいつもどんな歩《ある》き方《かた》をしている？

□□□《さき》□《だ》□歩《ある》き

② トイレの後《あと》すなをほっているのはなんのため？

てきから□□□を□□□ため

③ ネコがジャンプする高《たか》さは、自《じ》分《ぶん》の体長《たいちょう》の何《なん》ばい？

□《ご》ばい

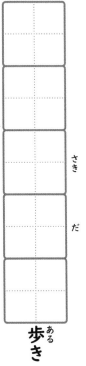

1日目

名前

あるある五七五 ④

1 つぎの五七五《ごしちご》を音読《おんどく》して、□の中《なか》の漢字《かんじ》をなぞりましょう。

⑯ 一《いっ》直《ちょく》線《せん》 母《はは》にむかって 走《はし》りとぶ

⑰ 目《め》を細《ほそ》め 野《の》原《はら》で風《かぜ》を かいでいる

⑱ 丸《まる》い顔《かお》 顔《かお》中《じゅう》口《くち》だ 大《おお》あくび

⑲ 四《し》角《かく》いはこ なかよく丸《まる》まる 親《おや》子《こ》ネコ

⑳ 形《かたち》よい 細《ほそ》長《なが》いしっぽ 太《ふと》くなる

1日目　にゃんこ豆ちしき ⑩

『あそびは、かりのけいこ！』

2 今日《きょう》のにゃんこ豆《まめ》ちしきを読《よ》んでみよう！

一直線《いっちょくせん》　母《はは》にむかって　走《はし》りとぶ

ネコは、かりが上手《じょうず》などうぶつといわれています。

しかし、生《う》まれつき上手《じょうず》なわけではありません。子《こ》ネコのときから、母親《ははおや》や兄弟《きょうだい》とのあそびの中《なか》で、かりのしかたを学《まな》びます。

体《からだ》をひくくしてバッととびかかったり、ころがったり。そんなあそびが、かりをするために大切《たいせつ》なのです。

はんたいに、小《ちい》さいときに母親《ははおや》や兄弟《きょうだい》とはなれてそだったネコは、かりがにが手《て》なこともあります。

2日目

名前

あるある五七五 ④

1 つぎの五七五《ごしちご》を音読《おんどく》して、□の中《なか》の漢字《かんじ》を書《か》きましょう。

⑯ 一《いっ》□《ちょく》□《せん》 □《はは》にむかって □《はし》りとぶ

⑰ 目《め》を□《ほそ》め □《の》□《はら》で□《かぜ》を かいでいる

⑱ □《まる》い□《かお》 □《かお》中《じゅう》口《くち》だ 大《おお》あくび

⑲ 四《し》□《かく》いはこ なかよく□《まる》まる □《おや》子《こ》ネコ

⑳ □《かたち》よい □《ほそ》□《なが》いしっぽ □《ふと》くなる

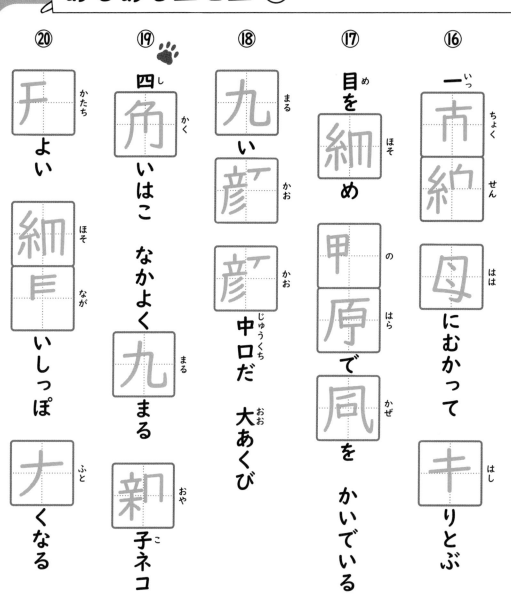

2日目　にゃんこ豆ちしき ⑪

『なかよし親子《おやこ》は、半年間《はんとしかん》だけ』

2 今日《きょう》のにゃんこ豆《まめ》ちしきを読《よ》んでみよう!

四角《しかく》いはこ　なかよく丸《まる》まる　親子《おやこ》ネコ

くっついているすがたがかわいい親《おや》子《こ》のネコ。

ですが、親子《おやこ》でいっしょにすごす時《じ》間《かん》はみじかいです。

生《う》まれて一《いっ》か月半《げつはん》ごろから母《はは》ネコは子《こ》ネコに生《い》きていくための方《ほう》ほうを教《おし》えはじめ、半年《はんとし》くらいではなれます。

これは人間《にんげん》にすると十四《じゅうよん》さいくらいなので、中学生《ちゅうがくせい》でひとり立《だ》ちです。

自分《じぶん》におきかえると「そんなのむり!」な気《き》がしますが、ネコは、そうやってくらしています。

3日目

名前

あるある五七五 ④

1 つぎの五七五《ごしちご》を音読《おんどく》して、□の中《なか》の漢字《かんじ》を書《か》きましょう。

⑯ 一《いっ》□《ちょく》□《せん》 □《はは》にむかって □《はし》りとぶ

⑰ 目《め》を□《ほそ》め □《の》□《はら》で □《かぜ》を かいでいる

⑱ □《まる》い□《かお》 □《かお》中口《じゅうくち》だ 大《おお》あくび

⑲ 四《し》□《かく》いはこ なかよく□《まる》まる □《おや》子《こ》ネコ

⑳ □《かたち》よい □《ほそ》□《なが》いしっぽ □《ふと》くなる

3日目 にゃんこ豆ちしき ⑫

『しっぽで気《き》もちをあらわしている！』

② 今日《きょう》のにゃんこ豆《まめ》ちしきを読《よ》んでみよう！

形《かたち》よい　細《ほそ》長《なが》いしっぽ　太《ふと》くなる

ネコのしっぽには、いろんな形《かたち》があります。ボールみたいにみじかいしっぽ、体《からだ》と同《おな》じくらい長《なが》いしっぽ、太《ふと》いふわふわのしっぽ……などです。

ネコは、このしっぽで、気《き》もちを教《おし》えてくれています。

ブラシのようにふくらんでいるのは、おこっているときやおどろいたとき。うれしいときは、ピンと立《た》てて近《ちか》づいてきます。犬《いぬ》とちがって、パタパタうごかしているのは、イライラしたときなので、はなれて見《み》まもりましょう。

4日目

④のかくにん

名前

／18点

1 つぎの五七五《ごしちご》を音読《おんどく》して、□の中《なか》の漢字《かんじ》を書《か》きましょう。

⑯ 一《いっ》□《ちょく》□《せん》　□《はは》にむかって　□《はし》りとぶ

⑰ 目《め》を□《ほそ》め　□《の》□《はら》で　□《かぜ》を　かいでいる

⑱ □《まる》い□《かお》　□《かお》中口《じゅうくち》だ　大《おお》あくび

⑲ 四《し》□《かく》いはこ　なかよく□《まる》まる　□《おや》子《こ》ネコ

⑳ □《かたち》よい　□《ほそ》□《なが》いしっぽ　□《ふと》くなる

4日目 けんていもんだい

にゃんこ豆《まめ》ちしきけんてい ④

／3点

2 にゃんこ豆《まめ》ちしきのけんてい問題《もんだい》にちょうせん！

① ネコはあそびの中《なか》で、なにを学《まな》ぶ？

□□のしかた

② ネコがひとり立《だ》ちするのは、人間《にんげん》の何《なん》さいくらい？

□《じゅう》□《よん》さいくらい

③ うれしいとき、近《ちか》づいてくるネコはしっぽをどうしている？

ピンと□《た》□□いる

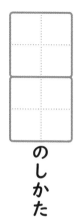

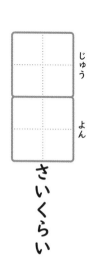

1日目

名前

あるある五七五 ⑤

1 つぎの五七五《ごしちご》を音読《おんどく》して、□の中《なか》の漢字《かんじ》をなぞりましょう。

㉑ 鳥《とり》ねらい　半《はん》歩《ぽ》すすんで　足《あし》止《と》める

㉒ 天《てん》才《さい》だ　汽《き》車《しゃ》の汽《き》てきに　へんじした

㉓ 二《に》十《じっ》才《さい》　今《こ》年《とし》の秋《あき》に　星《ほし》になる

㉔ 目《め》を細《ほそ》め　何《なに》を思《おも》うか　店《みせ》の外《そと》

㉕ 長《なが》ながと　ゆかにねそべり　夏《なつ》の雲《くも》

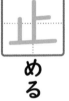

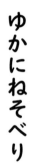

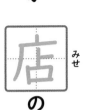

1日目　にゃんこ豆ちしき ⑬

『うごくものに、きょうみしんしん！』

② 今日《きょう》のにゃんこ豆《まめ》ちしきを読《よ》んでみよう！

鳥《とり》ねらい　半歩《はんぽ》すすんで　足止《あしと》める

ネコは、自分《じぶん》よりも小《ちい》さくて、うごくものにきょうみをもちます。

うごくものが自分《じぶん》にむかってくるようなら「てき」、にげる場合《ばあい》は「えもの」と考《かんが》えるそうです。

えものを見《み》つけると、止《と》まって体《からだ》をひくくしてねらいをさだめ、おしりをフリフリ。かわいいうごきです。

じつは、とびかかるタイミングをはかっているところで、えものにとびかかろうとしているのです。

2日目

名前

あるある五七五 ⑤

1 つぎの五七五《ごしちご》を音読《おんどく》して、□の中《なか》の漢字《かんじ》を書《か》きましょう。

㉑ □《とり》ねらい　□《はん》□《ぽ》すすんで　足《あし》□《と》める

㉒ 天《てん》□《さい》だ　□《き》車《しゃ》の□《き》てきに　へんじした

㉓ 二《に》十《じっ》□《さい》　□《こ》年《とし》の□《あき》に　□《ほし》になる

㉔ 目《め》を□《ほそ》め　□《なに》を□《おも》うか　□《みせ》の□《そと》

㉕ □《なが》ながと　ゆかにねそべり　□《なつ》の□《くも》

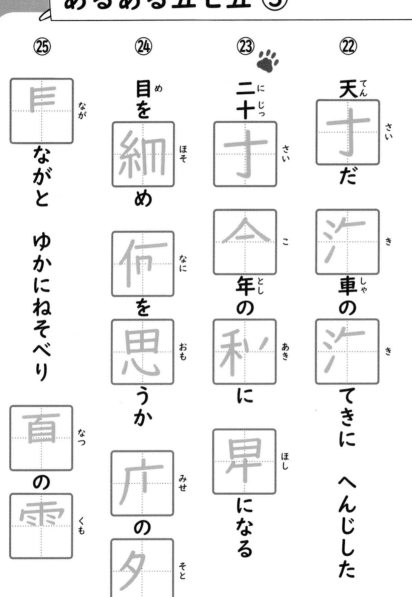

2日目 にゃんこ豆ちしき ⑭

『七《なな》さいから、シニアせだい』

2 今日《きょう》のにゃんこ豆《まめ》ちしきを読《よ》んでみよう！

二十才《にじっさい》 今年《ことし》の秋《あき》に 星《ほし》になる

さい近《きん》では、家《いえ》の中《なか》や、人《ひと》の近《ちか》くで生《い》きているネコがふえて、長《なが》生《い》きのネコもふえてきました。

だいたい十五才《じゅうごさい》（人間《にんげん》にすると七《なな》十六才《じゅうろくさい》）くらいまで生《い》きますが、二《に》十才《じっさい》をこえるネコの話《はなし》も聞《き》くようになりました。

さて、そんなネコがシニア（お年《とし》より）とされるのは七才《ななさい》ごろからです。人間《にんげん》からするとおどろいてしまいますが、うごきもだんだんとゆったりしてきます。やさしくしてあげましょう。

3日目

名前

あるある五七五 ⑤

1 つぎの五七五《ごしちご》を音読《おんどく》して、□の中《なか》の漢字《かんじ》を書《か》きましょう。

㉑ □《とり》ねらい　□《はん》□《ぽ》すすんで　足《あし》□《と》める

㉒ 天《てん》□《さい》だ　□《き》車《しゃ》の□《き》てきに　へんじした

㉓ 二《に》十《じっ》□《さい》　□《こ》年《とし》の□《あき》に　□《ほし》になる

㉔ 目《め》を□《ほそ》め　□《なに》を□《おも》うか　□《みせ》の□《そと》

㉕ □《なが》ながと　ゆかにねそべり　□《なつ》の□《くも》

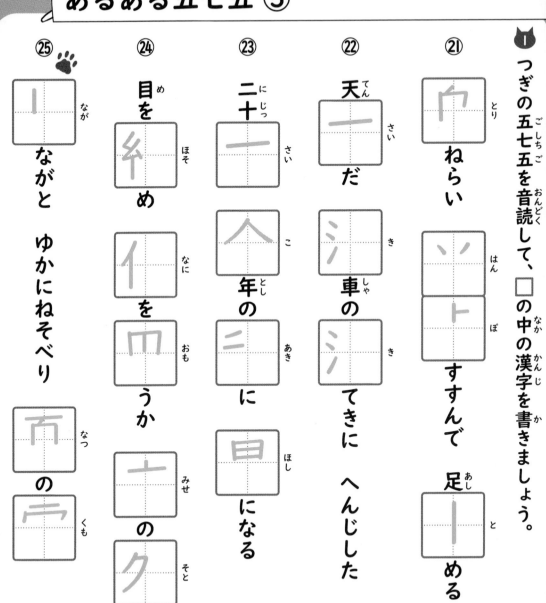

3日目 にゃんこ豆ちしき ⑮

『すずしいところが大《だい》すき！』

2 今日《きょう》のにゃんこ豆《まめ》ちしきを読《よ》んでみよう！

長《なが》ながと　ゆかにねそべり　夏《なつ》の雲《くも》

ネコは、ぜんしん毛《け》だらけなのであつそうですよね。

でも、じつはネコは気《き》もちよくすごせるところを見《み》つけるのがとくいです。いつの間《ま》にか、げんかんやろう下《か》、とくにはおふろ場《ば》など、ひんやりした場《ば》しょでのびをしていることがあります。

もともとあつい国《くに》の生《い》きものなので、どちらかといえばあつさに強《つよ》いのですが、夏《なつ》バテすることもあります。

だからきちんと水分《すいぶん》ほきゅうをさせることも大切《たいせつ》です。

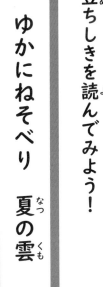

4日目

⑤のかくにん

/19点

名前

1 つぎの五《ご》七《しち》五《ご》を音読《おんどく》して、□の中《なか》の漢字《かんじ》を書《か》きましょう。

㉑ □《とり》ねらい　□《はん》□《ぽ》すすんで　足《あし》□《と》める

㉒ 天《てん》□《さい》だ　□《き》車《しゃ》の□《き》てきに　へんじした

㉓ 二《に》十《じっ》□《さい》　□《こ》年《とし》の□《あき》に　□《ほし》になる

㉔ 目《め》を□《ほそ》め　□《なに》を□《おも》うか　□《みせ》の□《そと》

㉕ □《なが》ながと　ゆかにねそべり　□《なつ》の□《くも》

4日目 けんていもんだい

にゃんこ豆《まめ》ちしきけんてい ⑤

／3点

2 にゃんこ豆《まめ》ちしきのけんてい問題《もんだい》にちょうせん！

① ネコがおしりをフリフリするときは何《なに》をしている？

とびかかる［　　　　　］をはかっている

② ネコの十五才《じゅうごさい》は、人間《にんげん》では何才《なんさい》？

［　《なな》　《じゅう》　《ろく》］才《さい》くらい

③ ネコはどんなところを見《み》つけるのがとくい？

［　《き》　　　　］すごせるところ

1日目

名前

あるある五七五 ⑥

1 つぎの五七五《ごしちご》を音読《おんどく》して、□の中《なか》の漢字《かんじ》をなぞりましょう。

㉖ 野《の》らネコが　あん心《しん》知《し》って　家《いえ》ネコに

㉗ ケンカ売《う》り　ツメで顔《かお》きず　刀《かたな》きず？

㉘ ネコは行《い》く　あの海《うみ》こえて　国《くに》こえて

㉙ 強《つよ》いネコ　弱《よわ》い子《こ》ネコと　親《しん》友《ゆう》に

㉚ 公《こう》園《えん》で　昼《ちゅう》夜《や》鳴《な》いてた　ネコがいた

1日目 にゃんこ豆ちしき ⑯

『野《の》らネコやほごネコの顔《かお》が変《か》わる！』

2 今日《きょう》のにゃんこ豆《まめ》ちしきを読《よ》んでみよう！

野《の》らネコが あん心《しん》知《し》って 家《いえ》ねこに

野《の》らネコをひろって、家《いえ》の中《なか》でかうと、べつのネコのように顔《かお》つきがかわったという話《はなし》をよく聞《き》きます。

野《の》らネコは、なわばりの中《なか》で毎日《まいにち》おかしなことはないか、きけんはないかと目《め》を光《ひか》らせています。気《き》をぬけば、じこにあったり、いじわるされることだってあるからです。あん心《しん》なんてできません。

そこから人間《にんげん》といっしょにくらすようになると、あん心《しん》できるようになり、顔《かお》つきがやわらかくなっていくのです。

2日目

名前

あるある五七五 ⑥

1 つぎの五七五《ごしちご》を音読《おんどく》して、□の中《なか》の漢字《かんじ》を書《か》きましょう。

㉖ □《の》らネコが　あん□《しん》□《し》って　□《いえ》ネコに

㉗ ケンカ□《う》り　ツメで□《かお》きず　□《かたな》きず？

㉘ ネコは□《い》く　あの□《うみ》こえて　□《くに》こえて

㉙ □《つよ》いネコ　□《よわ》い子《こ》ネコと　□《しん》□《ゆう》に

㉚ □《こう》□《えん》で　□《ちゅう》□《や》□《な》いてた　ネコがいた

2日目　にゃんこ豆ちしき ⑰

『ケンカしないためのルールがある！』

2 今日《きょう》のにゃんこ豆《まめ》ちしきを読《よ》んでみよう！

ケンカ売《う》り　ツメで顔《かお》きず　刀《かたな》きず？

ネコは、ケンカをしないために気《き》をつけていることがあります。

まず、ほかのネコに会《あ》わないようにすること。そのために、かべやはしらに自分《じぶん》のにおいをつけ、なわばりに入ってこないようにします。

それでも出会《であ》ったら、目《め》をあわせずに気《き》づかなかったふりをします。

にらみ合《あ》いになったら、声《こえ》を出《だ》してアピール。声《こえ》の大《おお》きさで、どちらが強《つよ》いかわかるのです。

ネコパンチの出番《でばん》は、その後《あと》です。

3日目　名前

あるある五七五 ⑥

つぎの五七五《ごしちご》を音読《おんどく》して、□の中《なか》の漢字《かんじ》を書《か》きましょう。

㉖ □《の》らネコが　あん□《しん》□《し》って　□《いえ》ネコに

㉗ ケンカ□《う》り　ツメで□《かお》きず　□《かたな》きず？

㉘ ネコは□《い》く　あの□《うみ》こえて　□《くに》こえて

㉙ □《つよ》いネコ　□《よわ》い子《こ》ネコと　□《しん》□《ゆう》に

㉚ □《こう》□《えん》で　□《ちゅう》□《や》□《な》いてた　ネコがいた

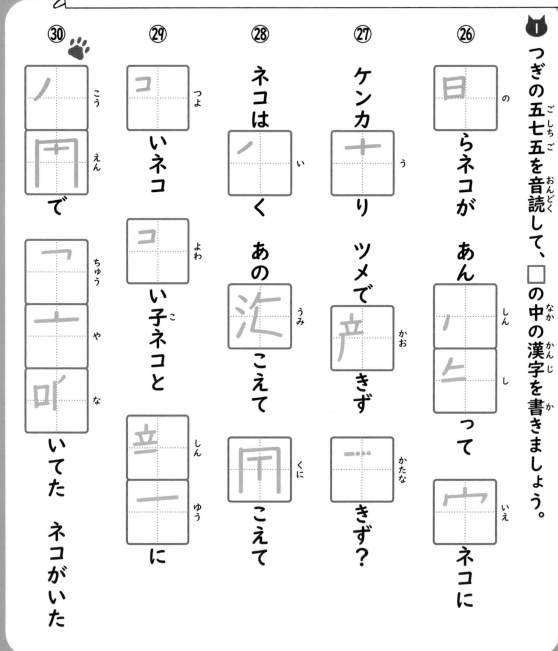

3日目 にゃんこ豆ちしき ⑱

『ダメ！ ゼッタイ！ NO《ノー》すてネコ！』

2 今日《きょう》のにゃんこ豆《まめ》ちしきを読《よ》んでみよう！

公園《こうえん》で 昼夜《ちゅうや》鳴《な》いてた ネコがいた

かえなくなったネコを、すててしまう人《ひと》がいます。その中《なか》には、子《こ》ネコも多《おお》いです。ネコは年《ねん》に二回《にかい》、一生《いっしょう》で十《じゅう》から十五回《じゅうごかい》ほど出《しゅっ》さんするといわれています。一《いち》どにたくさん生《う》まれると、生《う》まれたばかりの子《こ》ネコたちがすてられてしまうことがあるのです。

もちろん子《こ》ネコが母親《ははおや》なしに生《い》きていくことは大《たい》へんです。

日本《にほん》では二〇二〇年《にせんにじゅうねん》には、やく二《に》万《まん》びきのネコが生《い》きていけなくなってしまいました。

4日目

⑥のかくにん

19点

名前

つぎの五七五《ごしちご》を音読《おんどく》して、□の中《なか》の漢字《かんじ》を書《か》きましょう。

㉖ □《の》らネコが　あん□《しん》□《し》って　□《いえ》ネコに

㉗ ケンカ□《う》り　ツメで□《かお》きず　□《かたな》きず？

㉘ ネコは□《い》く　あの□《うみ》こえて　□《くに》こえて

㉙ □《つよ》いネコ　□《よわ》い子《こ》ネコと　□《しん》□《ゆう》に

㉚ □《こう》□《えん》で　□《ちゅう》□《や》□《な》いてた　ネコがいた

4日目 けんていもんだい

にゃんこ豆《まめ》ちしきけんてい ⑥

／3点

2 にゃんこ豆《まめ》ちしきのけんてい問題《もんだい》にちょうせん！

① 野《の》らネコやほごネコを家《いえ》の中《なか》でかうと、なぜ顔《かお》つきがかわる？

□□□《しん》してくらせるから

② ネコはどんなことでどちらが強《つよ》いかわかる？

□《からだ》や□《こえ》の大《おお》きさ

③ ネコは年《ねん》に何回出《なんかいしゅっ》さんする？

年《ねん》に□《に》回《かい》

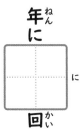

1日目

名前

あるある五七五 ⑦

1 つぎの五七五《ごしちご》を音読《おんどく》して、□の中《なか》の漢字《かんじ》をなぞりましょう。

㉛ 工《こう》場《じょう》や 会《かい》社《しゃ》のにわで くらすネコ

㉜ 姉《あね》に買《か》う 家《か》ぞくのネコに よくにた絵《え》

㉝ 社《やしろ》にて 絵《え》馬《ま》をゆらして すず鳴《な》らす

㉞ 「猫庭《ねこにわ》」の 門《もん》前《ぜん》でのんびり お昼《ひる》ね中《ちゅう》

㉟ 自《じ》分《ぶん》だけ 一人《ひとり》じめして 食《た》べだした

1日目　にゃんこ豆ちしき ⑲

『すき間《ま》をすりぬけるのがとくい！』

2 今日《きょう》のにゃんこ豆《まめ》ちしきを読《よ》んでみよう！

工場《こうじょう》や　会社《かいしゃ》のにわで　くらすネコ

ネコは体《からだ》がやわらかく、顔《かお》が入《はい》るすき間《ま》なら通《とお》りぬけることができます。十《じっ》センチメートルくらいのすき間《ま》でも、するりと通《とお》れるのです。

すき間《ま》が通《とお》れるかどうかは、ヒゲをつかってしらべます。ヒゲはネコの大《たい》切《せつ》なセンサーなのです。

野《の》らネコは、雨《あめ》や風《かぜ》が入《はい》らない場《ば》しょをさがすので、小《ちい》さなすき間《ま》から工《こう》場《じょう》や車《しゃ》などに入《はい》りこむことがあります。

2日目

名前

あるある五七五 ⑦

1 つぎの五七五《ごしちご》を音読《おんどく》して、□の中《なか》の漢字《かんじ》を書《か》きましょう。

㉛ □《こう》□《じょう》や □《かい》□《しゃ》のにわで くらすネコ

㉜ □《あね》に □《か》う□《か》ぞくのネコに よくにた□《え》

㉝ □《やしろ》にて □《え》□《ま》をゆらして すず□《な》らす

㉞ 「猫庭《ねこにわ》」の □《もん》□《ぜん》でのんびり お□《ひる》ね中《ちゅう》

㉟ □《じ》□《ぶん》だけ 一人《ひとり》じめして □《た》べだした

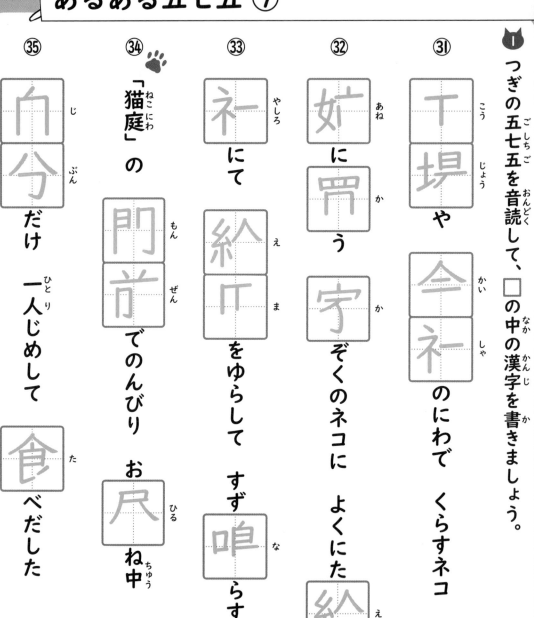

2日目 にゃんこ豆ちしき ⑳

『ネコと出《で》会《あ》うしあわせ』

2 今日《きょう》のにゃんこ豆《まめ》ちしきを読《よ》んでみよう！

「猫庭《ねこにわ》」の門前《もんぜん》でのんびり　お昼《ひる》ね中《ちゅう》

「猫庭《ねこにわ》」では、かわいいネコたちをほごして、新《あたら》しいかいぬしさんに出会《であ》うための活《かつ》どうをしています。

これは、ネコたちをたすけたいというかん長《ちょう》の思《おも》いからでした。

やがて、「猫庭《ねこにわ》」がゆう名《めい》になったことでネコを見《み》るために、人《ひと》がたくさん来《き》てくれるようになりました。

ネコたちとかいぬしさんとのすてきな出会《であ》いがふえるとうれしいですね。

3日目

名前

あるある五七五 ⑦

1 つぎの五七五《ごしちご》を音読《おんどく》して、□の中《なか》の漢字《かんじ》を書《か》きましょう。

㉛ □《こう》□《じょう》や □《かい》□《しゃ》のにわで くらすネコ

㉜ □《あね》に □《か》う □《か》ぞくのネコに よくにた □《え》

㉝ □《やしろ》にて □《え》□《ま》をゆらして すず □《な》らす

㉞ 「猫《ねこ》庭《にわ》」の □《もん》□《ぜん》でのんびり お□《ひる》ね中《ちゅう》

㉟ □《じ》□《ぶん》だけ 一人《ひとり》じめして □《た》べだした

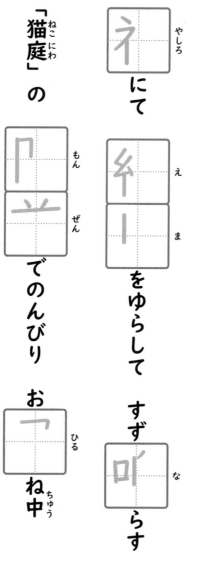

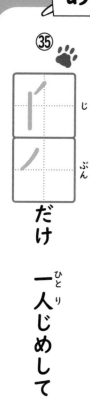

3日目 にゃんこ豆ちしき ㉑

『ネコのじょれつ』

❷ 今日《きょう》のにゃんこ豆《まめ》ちしきを読《よ》んでみよう！

自分《じぶん》だけ　一人《ひとり》じめして　食《た》べだした

二《に》ひきい上《じょう》のネコをかっていて、一《いっ》ぴきがエサを一人《ひとり》じめしているのを見《み》つけると「なぜそんないじわるをするの？」と思《おも》うかもしれません。

でも、これはいじわるではなく、ネコにとっては自《し》ぜんなことなんです。

もともと一《いっ》ぴきで行《こう》どうすることが多《おお》いネコには、エサを分《わ》けるという考《かんが》え方《かた》がありません。

ですが、食《た》べるじゅん番《ばん》があって、さいしょにエサを見《み》つけたネコから食《た》べるときまっています。

4日目

⑦のかくにん

18点

名前

1 つぎの五七五《ごしちご》を音読《おんどく》して、□の中《なか》の漢字《かんじ》を書《か》きましょう。

㉛ □《こう》□《じょう》や　□《かい》□《しゃ》のにわで　くらすネコ

㉜ □《あね》に□《か》う　□《か》ぞくのネコに　よくにた□《え》

㉝ □《やしろ》にて　□《え》□《ま》をゆらして　すず□《な》らす

㉞ 「猫庭《ねこにわ》」の　□《もん》□《ぜん》でのんびり　お□《ひる》ね中《ちゅう》

㉟ □《じ》□《ぶん》だけ　一人《ひとり》じめして　□《た》べだした

4日目 けんていもんだい

にゃんこ豆《まめ》ちしきけんてい ⑦

3点

2 にゃんこ豆《まめ》ちしきのけんてい問題《もんだい》にちょうせん!

① ネコにとってヒゲは大切《たいせつ》な何《なに》?

大切《たいせつ》な□□□□

② 「猫庭《ねこにわ》」のほごネコ活《かつ》どうとは何《なに》?

新《あたら》しい□□□□さんに出会《であ》うための活《かつ》どう

③ エサを食《た》べるじゅん番《ばん》が早《はや》いのは、どんなネコ?

□□□□に□□を見《み》つけたネコ

1日目

名前

あるある五七五 ⑧

1 つぎの五七五《ごしちご》を音読《おんどく》して、□の中《なか》の漢字《かんじ》をなぞりましょう。

㊱ 新《しん》雪《せつ》に 足《あし》あとつける 里《さと》のネコ

㊲ 家《いえ》の戸《と》の ネコ用《よう》ドアで 出入《でい》りする

㊳ 体《たい》じゅう計《けい》 ネコをかかえて あん心《しん》する

㊴ 冬《ふゆ》の夜《よる》 兄《きょう》弟《だい》ネコで 話《はな》す声《こえ》

㊵ ネコ用《よう》が あったら楽《たの》しい 万《まん》歩《ぽ》計《けい》

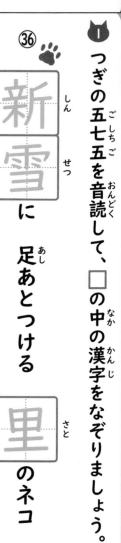

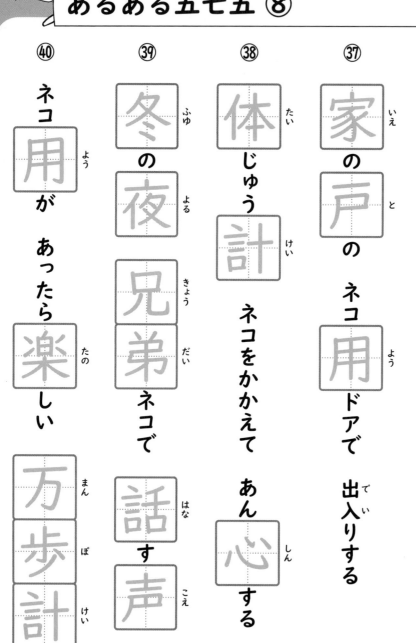

1日目 にゃんこ豆ちしき ㉒

『ネコも雪《ゆき》であそぶ！』

2 今日《きょう》のにゃんこ豆《まめ》ちしきを読《よ》んでみよう！

新雪《しんせつ》に　足《あし》あとつける　里《さと》のネコ

ネコは、もともとあついさばくなどにすんでいた生《い》きものです。体《からだ》はあたたかい場《ば》しょに合《あ》うようになっていて、さむいところは、にが手《て》です。

さむいのがにが手《て》なので、「冬《ふゆ》はコタツで丸《まる》くなる」というイメージがあります。ですが、さい近《きん》は雪《ゆき》であそぶすがたも見《み》かけるようになりました。

ネコもめずらしい雪《ゆき》が大《だい》すきです。でも、雪《ゆき》であそんだ後《あと》は、ネコの肉《にく》きゅうをふいてあげて、あたためてあげましょう。

2日目

名前

あるある五七五 ⑧

1 つぎの五七五《ごしちご》を音読《おんどく》して、□の中《なか》の漢字《かんじ》を書《か》きましょう。

㊱ □《しん》□《せつ》に　足《あし》あとつける　□《さと》のネコ

㊲ □《いえ》の□《と》の　ネコ□《よう》ドアで　出入《でい》りする

㊳ □《たい》じゅう□《けい》　ネコをかかえて　あん□《しん》する

㊴ □《ふゆ》の□《よる》　□《きょう》□《だい》ネコで　□《はな》す□《こえ》

㊵ ネコ□《よう》が　あったら□《たの》しい　□《まん》□《ぽ》□《けい》

2日目 にゃんこ豆ちしき ㉓

『ネコファーストの家《いえ》づくり』

2 今日《きょう》のにゃんこ豆《まめ》ちしきを読《よ》んでみよう!

家《いえ》の戸《と》の ネコ用《よう》ドアで 出入《でい》りする

むかしはかいネコも外《そと》に出《で》ていましたが、今《いま》は「室内《しつない》がい」が多《おお》いですね。家《いえ》の中《なか》でくらすことで、びょう気《き》やじこから守《まも》ってあげやすくなりました。でもそうなると、うんどうぶ足《そく》も気《き》になるところです。

ネコは高《たか》い場《ば》しょがすきなので、かべをのぼれるようにくふうして、うんどうできるといいですね。

高《たか》い場《ば》しょは、自分《じぶん》のなわばりが見《み》えてあん心《しん》できるそうです。

3日目

名前

あるある五七五 ⑧

1 つぎの五七五《ごしちご》を音読《おんどく》して、□の中《なか》の漢字《かんじ》を書《か》きましょう。

㊱ □《しん》□《せつ》に　足《あし》あとつける　□《さと》のネコ

㊲ □《いえ》の□《と》の　ネコ□《よう》ドアで　出入《でい》りする

㊳ □《たい》じゅう□《けい》　ネコをかかえて　あん□《しん》する

㊴ □《ふゆ》の□《よる》　□《きょう》□《だい》ネコで　□《はな》す□《こえ》

㊵ ネコ□《よう》が　あったら□《たの》しい　□《まん》□《ぽ》□《けい》

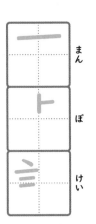

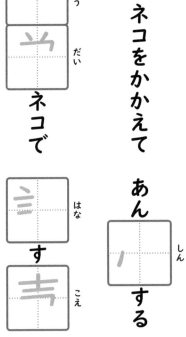

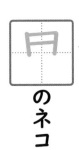

3日目 にゃんこ豆ちしき㉔

『生《う》まれて一年《いちねん》くらいがベスト体重《たいじゅう》！』

② 今日《きょう》のにゃんこ豆《まめ》ちしきを読《よ》んでみよう！

体《たい》じゅう計《けい》 ネコをかかえて あん心《しん》する

ネコの体《たい》じゅうは、だいたい三《さん》キログラムから六《ろく》キログラムくらい。中《なか》には八《はち》キログラムなんて大《おお》きなネコもいます。

しゅるいによって体《からだ》の大《おお》きさがちがうので、そのネコに合《あ》った体《たい》じゅうがあります。

ネコは、生《う》まれて一年《いちねん》くらいの体《たい》じゅうがベストといわれています。

ネコをかっている人《ひと》は、おいしゃさんにも聞《き》かれるかもしれないので、メモしておくといいですよ。

4日目

⑧のかくにん

/20点

名前

1 つぎの五《ご》七《しち》五《ご》を音読《おんどく》して、□の中《なか》の漢字《かんじ》を書《か》きましょう。

㊱ □《しん》□《せつ》に　足《あし》あとつける　□《さと》のネコ

㊲ □《いえ》の□《と》の　ネコ□《よう》ドアで　出《で》入《い》りする

㊳ □《たい》じゅう□《けい》　ネコをかかえて　あん□《しん》する

㊴ □《ふゆ》の□《よる》　□《きょう》□《だい》ネコで　□《はな》す□《こえ》

㊵ ネコ□《よう》が　あったら□《たの》しい　□《まん》□《ぽ》□《けい》

4日目 けんていもんだい

にゃんこ豆《まめ》ちしきけんてい⑧

／3点

2 にゃんこ豆《まめ》ちしきのけんてい問題《もんだい》にちょうせん！

① ネコがにが手《て》なところはどこ？

□□□ところ

② ネコがすきな場《ば》しょはどこ？

□《たか》□場《ば》しょ

③ ネコのベスト体《たい》じゅうはいつくらいの体《たい》じゅう？

生《う》まれてから□《いち》□《ねん》くらい

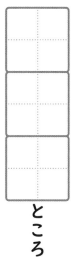

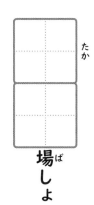

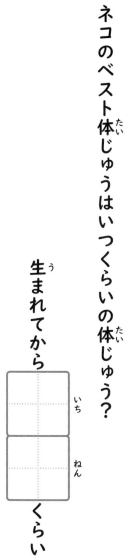

1日目

名前

あるある五七五 ⑨

1 つぎの五七五《ごしちご》を音読《おんどく》して、□の中《なか》の漢字《かんじ》をなぞりましょう。

㊶ 色《いろ》ちがい　外《がい》国《こく》のネコ　新《しん》はっ見《けん》

㊷ セミの羽《はね》　くわえて帰《き》たく　夏《なつ》の朝《あさ》

㊸ 「元《げん》気《き》かなぁ」　野《の》らが心《しん》ぱい　さむい夜《よる》

㊹ てい電《でん》で　ネコの目《め》光《ひか》る　古《ふる》い家《いえ》

㊺ 首《くび》かき後《ご》　弓《ゆみ》のように　せをそらす

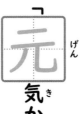

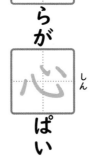

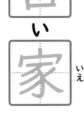

1日目 にゃんこ豆ちしき ㉕

『大《だい》すきな人《ひと》へのおくりもの』

2 今日《きょう》のにゃんこ豆《まめ》ちしきを読《よ》んでみよう！

セミの羽《はね》　くわえて帰《き》たく　夏《なつ》の朝《あさ》

ネコは、かいぬしにおみやげをもってくることがあります。

かいネコだと、おもちゃをもってきたりしますが、それがセミなどの虫《むし》だとびっくりしますよね。

でも、これはその人《ひと》をよろこばせたかったり、がんばってとったことをほめてほしいという気《き》もちがあるそう。

えものがとれないかいぬしを心《しん》ぱいして、もってきたものだという人《ひと》もいます。

2日目

名前

あるある五七五 ⑨

1 つぎの五七五《ごしちご》を音読《おんどく》して、□の中《なか》の漢字《かんじ》を書《か》きましょう。

㊶ □《いろ》ちがい　□《がい》□《こく》のネコ　□《しん》はっ見《けん》

㊷ セミの□《はね》　くわえて□《き》たく　□《なつ》の□《あさ》

㊸ 「□《げん》気《き》かなぁ」　□《の》らが□《しん》ぱい　さむい□《よる》

㊹ てい□《でん》で　ネコの目《め》□《ひか》る　□《ふる》い□《いえ》

㊺ □《くび》かき□《ご》　□《ゆみ》のように　せをそらす

2日目 にゃんこ豆ちしき ㉖

『冬《ふゆ》のネコには、きけんがいっぱい』

2 今日《きょう》のにゃんこ豆《まめ》ちしきを読《よ》んでみよう！

「元《げん》気《き》かなぁ」 野《の》らが心《しん》ぱい さむい夜《よる》

さむい冬《ふゆ》、雪《ゆき》がふったり、地《じ》めんの水《みず》がこおってしまったりと、野《の》らネコにとってはくるしいきせつです。

かいネコはあたたかいおへややフワフワの毛《もう》ふがありますが、外《そと》にはそんなものはありません。

だから少《すこ》しでも風《かぜ》が当《あ》たらないところをさがして車《くるま》のタイヤにのったり、エンジンの近《ちか》くへ入《はい》ったりします。

そこで、じこにあってしまうネコも多《おお》いのです。きけんは、さむさだけではないのです。

3日目

名前

あるある五七五 ⑨

1 つぎの五七五《ごしちご》を音読《おんどく》して、□の中《なか》の漢字《かんじ》を書《か》きましょう。

㊶ □《いろ》ちがい □《がい》□《こく》のネコ □《しん》はっ見《けん》

㊷ セミの □《はね》 くわえて □《き》たく □《なつ》の □《あさ》

㊸ 「□《げん》気《き》かなぁ」 □《の》らが □《しん》ぱい さむい □《よる》

㊹ てい □《でん》で ネコの目《め》 □《ひか》る □《ふる》い □《いえ》

㊺ □《くび》かき □《ご》 □《ゆみ》のように せをそらす

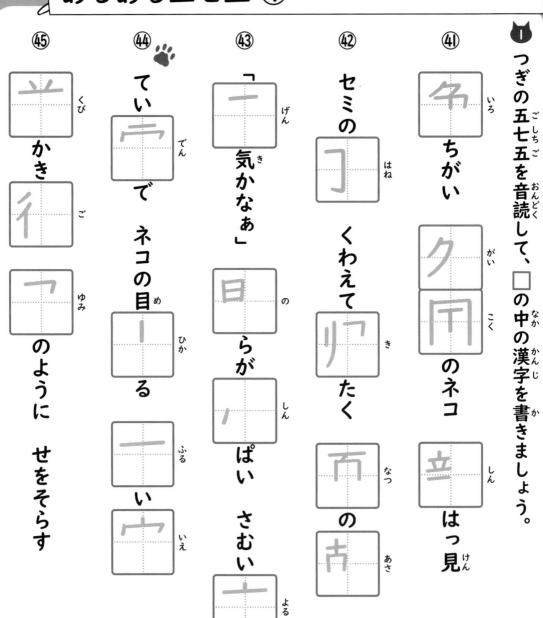

3日目　にゃんこ豆ちしき ㉗

『キラキラしているネコの目《め》』

2 今日《きょう》のにゃんこ豆《まめ》ちしきを読《よ》んでみよう！

てい電《でん》で　ネコの目《め》光《ひか》る　古《ふる》い家《いえ》

くらい場《ば》しょでキラリと光《ひか》るネコの目《め》。

ネコの目《め》を横《よこ》から見《み》ると、人間《にんげん》の目《め》とはちがい、ガラスのようにとう明《めい》になっています。

これは、夕方《ゆうがた》にうごくネズミをとるため、少《すく》ない光《ひかり》で見《み》ることができるようにしんかした目《め》なのです。

しかし、ネコは人間《にんげん》よりも目《め》がわるく、一番《いちばん》よく見《み》えるのは七十五《ななじゅうご》センチメートル先《さき》だそう。それは、えものをおいかけられるきょりなのです。

4日目

⑨のかくにん

19点

名前

つぎの五七五《ごしちご》を音読《おんどく》して、□の中《なか》の漢字《かんじ》を書《か》きましょう。

㊶ □《いろ》ちがい　□《がい》□《こく》のネコ　□《しん》はっ見《けん》

㊷ セミの□《はね》　くわえて□《き》たく　□《なつ》の□《あさ》

㊸ 「□《げん》気《き》かなぁ」　□《の》らが□《しん》ぱい　さむい□《よる》

㊹ てい□《でん》で　ネコの目《め》□《ひか》る　□《ふる》い□《いえ》

㊺ □《くび》かき□《ご》　□《ゆみ》のように　せをそらす

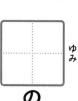

4日目 けんていもんだい

にゃんこ豆《まめ》ちしきけんてい ⑨

3点

2 にゃんこ豆《まめ》ちしきのけんてい問題《もんだい》にちょうせん！

① ネコがおみやげをもってくるのはかいぬしにどうしてほしいから？

□□□□□ たかったり、ほめてほしいから

② 冬《ふゆ》の野《の》らネコがタイヤにのるのはどんなところだから？

風《かぜ》が □□□□□ ところ

あ

③ ネコの目《め》で一番《いちばん》はっきり見《み》えるきょりは何《なん》センチメートル先《さき》？

□□□ センチメートル先《さき》

なな じゅう ご

1日目

名前

あるある五七五 ⑩

1 つぎの五七五《ごしちご》を音読《おんどく》して、□の中《なか》の漢字《かんじ》をなぞりましょう。

㊻ おとなしく 戸《と》の前《まえ》でまつ 食《しょく》じ時《どき》

㊼ 毛《け》の色《いろ》は 姉《あね》と妹《いもうと》でも 同《おな》じでない

㊽ 大《たい》切《せつ》な 黄《き》色《いろ》い用《よう》紙《し》が ボロボロに

㊾ 矢《や》のように 走《はし》ってかけて 遠《とお》ざかる

㊿ ネコの声《こえ》 まねして歌《うた》う 音《おん》楽《がく》室《しつ》

1日目　にゃんこ豆ちしき ㉘

『ネコは肉食《にくしょく》どうぶつ』

2 今日《きょう》のにゃんこ豆《まめ》ちしきを読《よ》んでみよう！

おとなしく　戸《と》の前《まえ》でまつ　食《しょく》じ時《どき》

ネコは、人間《にんげん》のごはんを食《た》べようとすることもあり、何《なん》でも食《た》べるように見《み》えるかもしれません。

ですが、なか間《ま》のライオンなどと同《おな》じく肉食《にくしょく》どうぶつです。

ネコ草《ぐさ》をかじりますが、のみこんだ毛《け》を外《そと》に出《だ》すためです。ネコは、草《くさ》をしょうかすることはできないのです。

ですから、ネコには食《た》べられないものもあります。とくに、玉《たま》ねぎやチョコレートは、どくと同《おな》じです。ぜったいにあげてはいけません。

2日目

名前

あるある五七五 ⑩

1 つぎの五七五《ごしちご》を音読《おんどく》して、□の中《なか》の漢字《かんじ》を書《か》きましょう。

㊻ おとなしく　□《と》の□《まえ》でまつ　□《しょく》じ□《どき》

㊼ □《け》の□《いろ》は　□《あね》と□《いもうと》でも　□《おな》じでない

㊽ 大《たい》□《せつ》な　□《き》□《いろ》い□《よう》□《し》が　ボロボロに

㊾ □《や》のように　□《はし》ってかけて　□《とお》ざかる

㊿ ネコの□《こえ》　まねして□《うた》う　音《おん》□《がく》□《しつ》

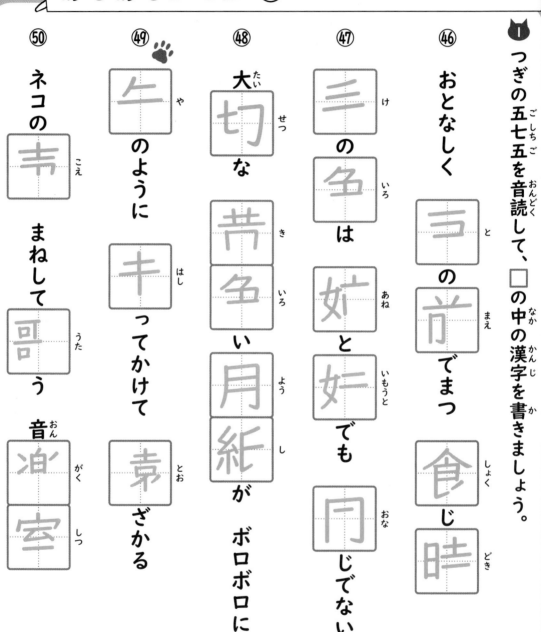

2日目 にゃんこ豆ちしき ㉙

『走《はし》るはやさがとてもはやい！』

❷ 今日《きょう》のにゃんこ豆《まめ》ちしきを読《よ》んでみよう！

矢《や》のように 走《はし》ってかけて 遠《とお》ざかる

うごくものをおいかけて、とんだりはねたりするネコ。

いつもはのんびりねているのに、そんなときはびっくりするくらいはやくうごきます。

ネコは走《はし》るのがとてもはやい生《い》きものです。

なんと、本気《ほんき》を出《だ》せば自《じ》どう車《しゃ》と同《おな》じくらいはやく走《はし》れるのです。

人間《にんげん》は、ぜんぜんかないませんね。

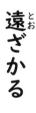

3日目

名前

あるある五七五 ⑩

1 つぎの五七五《ごしちご》を音読《おんどく》して、□の中《なか》の漢字《かんじ》を書《か》きましょう。

㊻ おとなしく　□《と》の□《まえ》でまつ　□《しょく》じ□《どき》

㊼ □《け》の□《いろ》は　□《あね》と□《いもうと》でも　□《おな》じでない

㊽ 大《たい》□《せつ》な　□《き》□《いろ》い□《よう》□《し》が　ボロボロに

㊾ □《や》のように　□《はし》ってかけて　□《とお》ざかる

㊿ ネコの□《こえ》　まねして□《うた》う　音《おん》□《がく》□《しつ》

3日目 にゃんこ豆ちしき ㉚
『だっこがすきな子《こ》、にが手《て》な子《こ》』

2 今日《きょう》のにゃんこ豆《まめ》ちしきを読《よ》んでみよう！

ネコの声《こえ》　まねして歌《うた》う　音楽室《おんがくしつ》

もともとあまり鳴《な》かない生《い》きものだったネコ。人間《にんげん》とくらすようになって、コミュニケーションのためによく鳴《な》く子《こ》がふえてきたそうです。

「にゃーん」と長《なが》く大《おお》きく鳴《な》くのはあまえているとき。おなかがすいたり、あそんでほしいのです。

口《くち》をあけて鳴《な》くしぐさをしているのに声《こえ》がしないこともあります。声《こえ》が出《で》ないの？　と心《しん》ぱいになりますが、大《だい》じょうぶ。人間《にんげん》に聞《き》こえないくらいの高《たか》い声《こえ》で鳴《な》いているのです。

4日目

⑩のかくにん

／21点

名前

つぎの五《ご》七《しち》五《ご》を音読《おんどく》して、□の中《なか》の漢字《かんじ》を書《か》きましょう。

㊻ おとなしく　□《と》の□《まえ》でまつ　□《しょく》じ□《どき》

㊼ □《け》の□《いろ》は　□《あね》と□《いもうと》でも　□《おな》じでない

㊽ 大《たい》□《せつ》な　□《き》□《いろ》い□《よう》□《し》が　ボロボロに

㊾ □《や》のように　□《はし》ってかけて　□《とお》ざかる

㊿ ネコの□《こえ》　まねして□《うた》う　音《おん》□《がく》□《しつ》

にゃんこ豆《まめ》ちしきけんてい ⑩

／3点

2 にゃんこ豆《まめ》ちしきのけんてい問題《もんだい》にちょうせん！

① ネコが食《た》べられないものは何《なに》？

玉《たま》ねぎや□□□□□□

② ネコは何《なに》と同《おな》じくらいのはやさで走《はし》れる？

□《じ》□□□《しゃ》

③ 鳴《な》いているネコの声《こえ》が聞《き》こえないのはなぜ？

人間《にんげん》に聞《き》こえないくらい□《たか》□□《こえ》だから

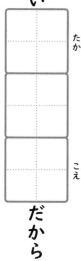

1日目

名前

あるある五七五 ⑪

1 つぎの五七五《ごしちご》を音読《おんどく》して、□の中《なか》の漢字《かんじ》をなぞりましょう。

㉛ 毎《まい》週《しゅう》土《ど》曜《よう》 クロが来《く》る家《いえ》 休《きゅう》けいじょ

52 人《ひと》の道《みち》 ネコが通《とお》れば 回《まわ》り道《みち》

53 かん光《こう》地《ち》 海《うみ》の猫《ねこ》 岩《いわ》船《ふね》で見《み》た

54 ダンボール ネコのゆうぐに 活《かつ》用《よう》だ

55 家《いえ》出《で》ネコ 東《とう》西《ざい》南《なん》北《ぼく》 みなさがす

1日目　にゃんこ豆ちしき ㉛

『ネコにはうら道《みち》がふつうの道《みち》！』

2 今日《きょう》のにゃんこ豆《まめ》ちしきを読《よ》んでみよう！

人《ひと》の道《みち》　ネコが通《とお》れば　回《まわ》り道《みち》

ネコは高《たか》いところや細《ほそ》い道《みち》も上手《じょうず》に歩《ある》きます。

人間《にんげん》には通《とお》れないような場《ば》しょでも、やわらかな体《からだ》をつかってスルスルと通《とお》ります。

また、屋《や》ねから屋《や》ねにとびうつるのも上手《じょうず》です。

足《あし》がいたくならないのか心《しん》ぱいになりますが、そこはあのかわいい肉《にく》きゅうがクッションになってくれるので、大《だい》じょうぶなんですね。

2日目

名前

あるある五七五 ⑪

1 つぎの五七五《ごしちご》を音読《おんどく》して、□の中《なか》の漢字《かんじ》を書《か》きましょう。

㊿1 □《まい》□《しゅう》土《ど》□《よう》　クロが□《く》る□《いえ》　休《きゅう》けいじょ

52 人《ひと》の□《みち》　ネコが□《とお》れば　□《まわ》り□《みち》

53 かん□《こう》□《ち》　□《うみ》の猫《ねこ》□《いわ》　□《ふね》で見《み》た

54 ダンボール　ネコのゆうぐに　□《かつ》□《よう》だ

55 □《いえ》出《で》ネコ　□《とう》□《ざい》□《なん》□《ぼく》　みなさがす

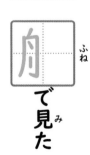

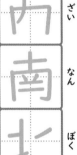

2日目 にゃんこ豆ちしき ㉜

『せまいところに入《はい》るのが大《だい》すき！』

今日《きょう》のにゃんこ豆《まめ》ちしきを読《よ》んでみよう！

ダンボール　ネコのゆうぐに　活用《かつよう》だ

ネコといえば、ダンボールがすき。せっかくプレゼントを買《か》ったのに、それを入《い》れているダンボールの方《ほう》をよろこんだというお話《はなし》はよく聞《き》きます。

これには理《り》ゆうがあって、ダンボールには、ネコがすきな場《ば》しょのじょうけんがそろっているのです。

まちぶせしてかりをするネコにとって、くらくて、せまい場《ば》しょはあん心《しん》できる場《ば》しょです。

また、中《なか》に何《なに》かあるのかも気《き》になるのです。

3日目

名前

あるある五七五 ⑪

1 つぎの五七五《ごしちご》を音読《おんどく》して、□の中《なか》の漢字《かんじ》を書《か》きましょう。

㊿51 □《まい》□《しゅう》土《ど》□《よう》　クロが□《く》る　□《いえ》　休《きゅう》けいじょ

52 人《ひと》の□《みち》　ネコが□《とお》れば　□《まわ》り□《みち》

53 かん□《こう》□《ち》　□《うみ》の猫《ねこ》　□《いわ》□《ふね》で見《み》た

54 ダンボール　ネコのゆうぐに　□《かつ》□《よう》だ

55 □《いえ》出《で》ネコ　□《とう》□□《なん》□《ぼく》　みなさがす

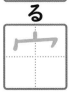

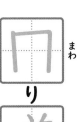

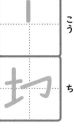

3日目 にゃんこ豆ちしき ㉝

『だっ走《そう》したネコのさがし方《かた》』

② 今日《きょう》のにゃんこ豆《まめ》ちしきを読《よ》んでみよう！

家《いえ》出《で》ネコ　東《とう》西《ざい》南《なん》北《ぼく》　みなさがす

家《いえ》の中《なか》でくらすネコは、外《そと》になれていません。

それでも、こうき心《しん》が強《つよ》いかいネコは、気《き》になるものを見《み》つけてパッと外《そと》にとび出《だ》してしまうことがあります。

でも、ネコはこわがりでもあるので、一日《いちにち》くらいは家《いえ》から百《ひゃく》メートルくらいの場《ば》しょにいることが多《おお》いようです。

また、ネコはかくれるのがすきなので、車《くるま》の下《した》やせまい場《ば》しょをよくさがしてあげるのが大切《たいせつ》です。

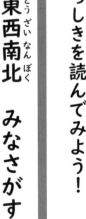

4日目

⑪のかくにん

／21点

名前

1 つぎの五七五《ごしちご》を音読《おんどく》して、□の中《なか》の漢字《かんじ》を書《か》きましょう。

51 □《まい》□《しゅう》土《ど》□《よう》　クロが□《く》る　□《いえ》休《きゅう》けいじょ

52 人《ひと》の□《みち》　ネコが□《とお》れば　□《まわ》り□《みち》

53 かん□《こう》□《ち》　□《うみ》の猫《ねこ》□《いわ》　□《ふね》で見《み》た

54 ダンボール　ネコのゆうぐに　□《かつ》□《よう》だ

55 □《いえ》出《で》ネコ　□《とう》□《ざい》□《なん》□《ぼく》　みなさがす

4日目 けんていもんだい

にゃんこ豆《まめ》ちしきけんてい ⑪

3点

2 にゃんこ豆《まめ》ちしきのけんてい問題《もんだい》にちょうせん！

① ネコの足《あし》のうらの肉《にく》きゅうは何《なに》になってくれる？

□□□□□ になってくれる

② ネコがダンボールをすきな理《り》ゆうは何《なに》がそろっているから？

すきな場《ば》しょの □□□□□

③ にげたネコは一日《いちにち》の内《うち》は何《なん》メートルくらいの場《ば》しょにいる？

□ 百《ひゃく》メートルくらい

1日目

名前

あるある五七五 ⑫

1 つぎの五七五《ごしちご》を音読《おんどく》して、□の中《なか》の漢字《かんじ》をなぞりましょう。

56 明《あ》け方《がた》に　帰《き》たくするなり　よこに来《く》る

57 合《がっ》点《てん》し　ネコの考《かんが》え　理《り》かいする

58 おふろ場《ば》に　入《はい》って来《く》るのに　水《みず》きらい

59 少《しょう》年《ねん》が　ネコとの記《き》おく　思《おも》い出《だ》す

60 元《げん》気《き》な子《こ》　市《し》内《ない》の友《とも》に　もらわれる

1日目 にゃんこ豆ちしき ㉞

『ネコをすきな人《ひと》とネコにすかれる人《ひと》』

2 今日《きょう》のにゃんこ豆《まめ》ちしきを読《よ》んでみよう！

合点《がってん》し　ネコの考《かんが》え　理《り》かいする

ネコがすきなのに、近《ちか》くに行《い》くとにげられてしまう人《ひと》がいます。

それは、ネコの気《き》もちを考《かんが》えられていないから。

じつは、ネコにすかれるのは、ネコがにが手《て》な人《ひと》だったりします。

なぜなら、ネコはこわがりなので、かわいいと思《おも》って大《おお》きな声《こえ》を出《だ》したり、きゅうに近《ちか》づいたりすると、おどろいてしまうのです。

まずは、じっとして、ネコの気《き》もちに合《あ》わせてあげましょう。

2日目

名前

あるある五七五 ⑫

1 つぎの五七五《ごしちご》を音読《おんどく》して、□の中《なか》の漢字《かんじ》を書《か》きましょう。

㊺ □《あ》け□《がた》に　□《き》たくするなり　よこに□《く》る

57 □《がっ》□《てん》し　ネコの□《かんが》え　□《り》かいする

58 おふろ□《ば》に　入《はい》って□《く》るのに　水《みず》きらい

59 □《しょう》年《ねん》が　ネコとの□《き》おく　□《おも》い出《だ》す

60 □《げん》気《き》な子《こ》　□《し》□《ない》の□《とも》に　もらわれる

2日目 にゃんこ豆ちしき㉟

『水《みず》は大《だい》きらい！ でも……』

❷ 今日《きょう》のにゃんこ豆《まめ》ちしきを読《よ》んでみよう！

おふろ場《ば》に 入《はい》って来《く》るのに 水《みず》きらい

人《ひと》がおふろに入《はい》ろうとすると、ネコがついてきたり、ドアの外《そと》でまっていたりすることがあります。

あれは、おふろがすきなのではなく、人《ひと》が毎日《まいにち》入《はい》っていく場《ば》しょが気《き》になっているのだそうです。

ネコは、体《からだ》がぬれると体力《たいりょく》がなくなってしまうので、ぬれることはいやがります。

ですが、おふろのよくそうの水《みず》のうごきを見《み》るのは楽《たの》しいようです。

3日目

名前

あるある五七五 ⑫

1 つぎの五七五《ごしちご》を音読《おんどく》して、□の中《なか》の漢字《かんじ》を書《か》きましょう。

㊻ □《あ》け□《がた》に □《き》たくするなり よこに□《く》る

㊼ □《がっ》□《てん》し ネコの□《かんが》え □《り》かいする

㊽ おふろ□《ば》に 入《はい》って□《く》るのに 水《みず》きらい

㊾ □《しょう》年《ねん》が ネコとの□《き》おく □《おも》い出《だ》す

㊿ □《げん》気《き》な子《こ》 □《し》□《ない》の□《とも》に もらわれる

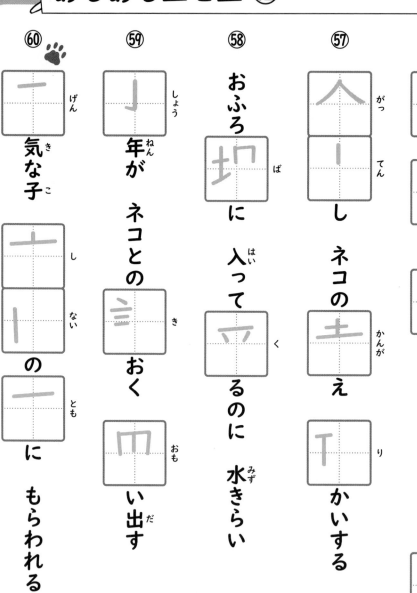

3日目　にゃんこ豆ちしき ㊱

『里親《さとおや》になるとは、どういうこと？』

❷ 今日《きょう》のにゃんこ豆《まめ》ちしきを読《よ》んでみよう！

元気《げんき》な子《こ》　市内《しない》の友《とも》に　もらわれる

かわいい子《こ》ネコの「里親《さとおや》」のぼしゅうを見《み》かけることがあります。

すぐにかいたくなるかもしれません。でも、ちょっとまって。ネコは「いのち」です。

かいネコのじゅみょうは十五年《じゅうごねん》から二十年《にじゅうねん》。毎日《まいにち》ごはんをあげ、トイレのおせ話《わ》をしたり、びょう気《き》になったり、ときには、にげたネコをさがし回《まわ》ったり。

ネコと一《いっ》しょに生《い》きることを、そうぞうしてみてくださいね。

ロカちゃんとビリー君兄妹
小さい体からパワー‼すごいです。
#里親様募集

4日目

⑫のかくにん

名前

/17点

1 つぎの五七五《ごしちご》を音読《おんどく》して、□の中《なか》の漢字《かんじ》を書《か》きましょう。

㊻ □《あ》け□《がた》に □《き》たくするなり よこに□《く》る

㊼ □《がっ》□《てん》し ネコの□《かんが》え □《り》かいする

㊽ おふろ□《ば》に 入《はい》って□《く》るのに 水《みず》きらい

㊾ □《しょう》年《ねん》が ネコとの□《き》おく □《おも》い出《だ》す

㊿ □《げん》気《き》な子《こ》 □《し》□《ない》の□《とも》に もらわれる

4日目 けんていもんだい

にゃんこ豆《まめ》ちしきけんてい ⑫

3点

2 にゃんこ豆《まめ》ちしきのけんてい問題《もんだい》にちょうせん！

① ネコがおどろいてしまうことは？

□《おお》□□□《こえ》を出《だ》したり、きゅうに近《ちか》づくこと

② ネコは体《からだ》がぬれるとどうなる？

□《たい》□《りょく》が□□□□□しまう

③ かいネコのじゅみょうはだいたい何年《なんねん》？

□《じゅう》□《ご》年《ねん》から□《に》□《じゅう》年《ねん》

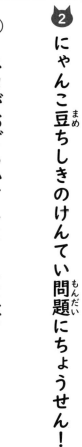

1日目

名前

あるある五七五 ⑬

1 つぎの五七五《ごしちご》を音読《おんどく》して、□の中《なか》の漢字《かんじ》をなぞりましょう。

61 ぎん色《いろ》の　アメショー北米《ほくべい》　里帰《さとがえ》り

62 牛《ぎゅう》にゅうは　少《すこ》しもきん止《し》　体《からだ》こわす

63 すきなもの　聞《き》いて答《こた》えて　まん足《ぞく》顔《がお》

64 記《き》ねん日《び》に　なきネコの顔《かお》　思《おも》い出《だ》す

65 山《やま》寺《でら》の　谷間《たにま》の風《かぜ》に　ヒゲなびく

1日目　にゃんこ豆ちしき ㊲

『牛《ぎゅう》にゅうはのませちゃダメ！』

❷ 今日《きょう》のにゃんこ豆《まめ》ちしきを読《よ》んでみよう！

牛《ぎゅう》にゅうは　少《すこ》しもきん止《し》　体《からだ》こわす

子《こ》ネコが、おさらでミルクをのんでいるすがたはかわいいですね。

むかしは、牛《ぎゅう》にゅうをあげていましたが、今《いま》は、子《こ》ネコ用《よう》のミルクをのませるようになりました。

牛《ぎゅう》にゅうをのんでおなかをこわす人《ひと》がいるのと同《おな》じで、ネコもおなかをこわすことや、アレルギーをおこすことがあるのです。

また、ミルクはつめたいままではなく、少《すこ》しあたためてぬるめであげましょう。

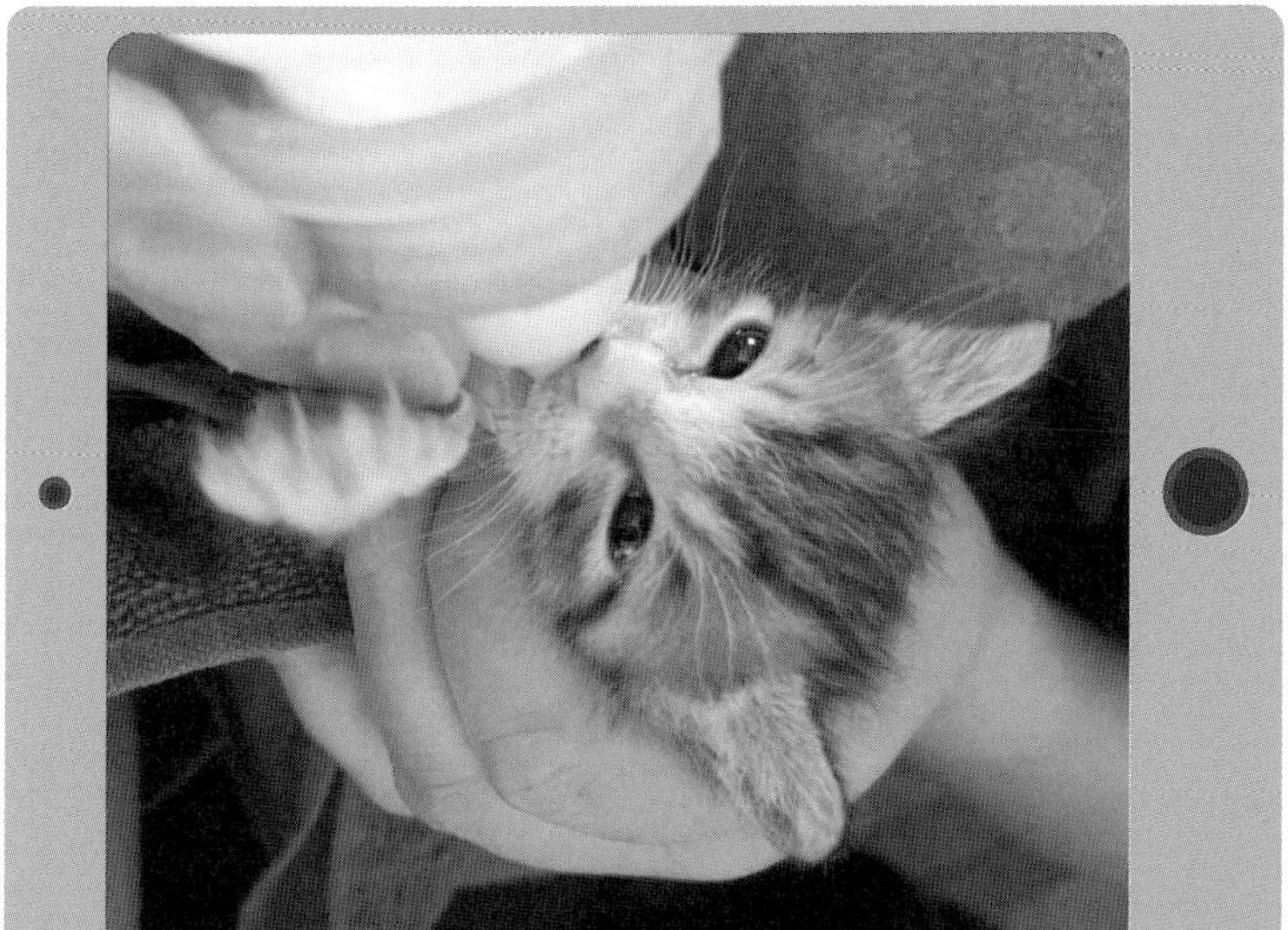

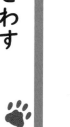

2日目

名前

あるある五七五 ⑬

1 つぎの五七五《ごしちご》を音読《おんどく》して、□の中《なか》の漢字《かんじ》を書《か》きましょう。

61 ぎん色《いろ》の　アメショー北《ほく》米《べい》　里《さと》帰《がえ》り

62 牛《ぎゅう》にゅうは　小《すこ》しもきん止《し》　体《からだ》こわす

63 すきなもの　聞《き》いて答《こた》えて　まん足《ぞく》顔《がお》

64 記《き》ねん日《び》に　なきネコの顔《かお》　思《おも》い出《だ》す

65 山《やま》寺《でら》の　谷《たに》間《ま》の風《かぜ》に　ヒゲなびく

2日目 にゃんこ豆ちしき ㊳

『まばたき見《み》せて、ネコあん心《しん》』

② 今日《きょう》のにゃんこ豆《まめ》ちしきを読《よ》んでみよう！

すきなもの 聞《き》いて答《こた》えて まん足顔《ぞくがお》

あまり人《ひと》にあまえないイメージのあるネコですが、話《はな》しかけると鳴《な》いて答《こた》えてくれることがあります。

ゴロゴロとのどを鳴《な》らして「うれしい」をつたえたり、いつの間《ま》にかそばにいたり。これは大《だい》すきのサイン。だまってこちらを見《み》つめてくれるときは、こちらも見《み》つめて何回《なんかい》かゆっくりまばたきをしてみましょう。

「だいじょうぶだよ」「なかまだよ」「大《だい》すきだよ」そんな気《き》もちをつたえるコミュニケーションになります。

3日目

名前

あるある五七五 ⑬

1 つぎの五七五《ごしちご》を音読《おんどく》して、□の中《なか》の漢字《かんじ》を書《か》きましょう。

61 ぎん□《いろ》の　アメショー□《ほく》□《べい》　□《さと》□《がえ》り

62 □《ぎゅう》にゅうは　□《すこ》しもきん□《し》　体《からだ》こわす

63 すきなもの　□《き》いて□《こた》えて　まん足《ぞく》□《がお》

64 □《き》ねん日《び》に　なきネコの□《かお》　□《おも》い出《だ》す

65 山《やま》□《でら》の　□《たに》□《ま》の□《かぜ》に　ヒゲなびく

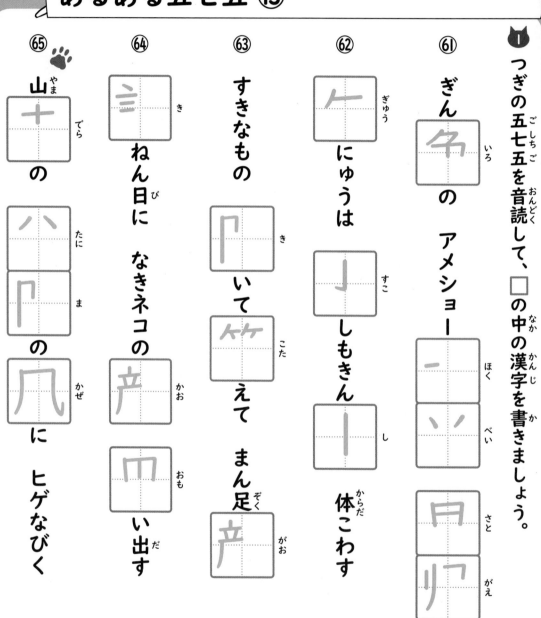

3日目　にゃんこ豆ちしき ㊴

『ネコのすごしやすいきせつ』

② 今日《きょう》のにゃんこ豆《まめ》ちしきを読《よ》んでみよう！

山寺《やまでら》の　谷間《たにま》の風《かぜ》に　ヒゲなびく

冬《ふゆ》は丸《まる》まっていたネコも、あたたかい春《はる》になると、花《はな》びらにじゃれついてあそんだりと、元気《げんき》でかわいいすがたを見《み》せてくれるようになります。

ですが、春《はる》はネコが体《たい》ちょうをくずしやすいきせつでもあります。人《ひと》もきせつのかわり目《め》は、かぜをひきやすくなりますよね。

ネコが気《き》もちよくすごせるおんどは、十八《じゅうはち》どから二十八《にじゅうはち》ど。

人間《にんげん》よりも体《からだ》の小《ちい》さいネコは、あつさやさむさに弱《よわ》いのです。

4日目

⑬のかくにん

18点

名前

1 つぎの五七五《ごしちご》を音読《おんどく》して、□の中《なか》の漢字《かんじ》を書《か》きましょう。

61 ぎん□《いろ》の　アメショー□《ほく》□《べい》　□《さと》□《がえ》り

62 □《ぎゅう》にゅうは　□《すこ》しもきん□《し》　体《からだ》こわす

63 すきなもの　□《き》いて□《こた》えて　まん足《ぞく》□《がお》

64 □《き》ねん日《び》に　なきネコの□《かお》　□《おも》い出《だ》す

65 山《やま》□《でら》の　□《たに》□《ま》の□《かぜ》に　ヒゲなびく

4日目 けんていもんだい

にゃんこ豆《まめ》ちしきけんてい ⑬

3点

2 にゃんこ豆《まめ》ちしきのけんてい問題《もんだい》にちょうせん！

① ネコ用《よう》ミルクをあげるときのあたたかさはどのくらい？

□□□

② ネコはのどをならしてどんな気《き》もちをつたえる？

「□□□□」をつたえる

③ 春《はる》は、ネコにとってどんなきせつ？

□□□□《たい》を□□□やすいきせつ

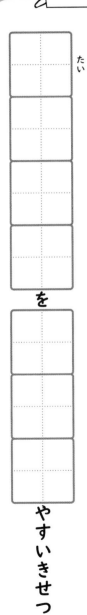

1日目

名前

あるある五七五 ⑭

1 つぎの五七五《ごしちご》を音読《おんどく》して、□の中《なか》の漢字《かんじ》をなぞりましょう。

⑥⑥ 店《みせ》の 前《まえ》 人《にん》形《ぎょう》と 思《おも》った まねきネコ

⑥⑦ 寺《てら》の 道《みち》 あん 内《ない》するよ 京《きょう》のネコ

⑥⑧ 近《ちか》道《みち》を 教《おし》えてくれる 黒《くろ》いネコ

⑥⑨ 社《しゃ》交《こう》てき あまえ上手《じょうず》な 茶《ちゃ》トラネコ

⑦⓪ 楽《たの》しげに ネコが走《はし》るや 麦《むぎ》の秋《あき》

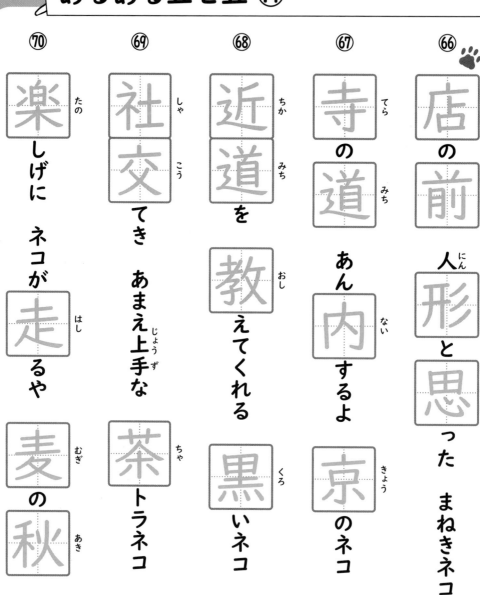

1日目 にゃんこ豆ちしき ㊵

『すわり方《かた》でわかるネコの気《き》もち！』

2 今日《きょう》のにゃんこ豆《まめ》ちしきを読《よ》んでみよう！

店《みせ》の前《まえ》 人形《にんぎょう》と思《おも》った まねきネコ

ジッとすわっていることが多《おお》いネコ。このすわり方《かた》によって、そのときの気《き》もちがわかるのを知《し》っていますか。

たとえば「こうばこずわり」。おなかをつけて前足《まえあし》を体《からだ》の下《した》にかくしたすわり方《かた》は、てきがいないとわかり、あん心《しん》したときにするすわり方《かた》。

おしりをつけて、おぎょうぎよく前《まえ》足《あし》をそろえたすわり方《かた》は、おちついているけれど、まだ少《すこ》しけいかいしていて、すぐうごけるようにしています。

2日目

名前

あるある五七五 ⑭

❶ つぎの五七五《ごしちご》を音読《おんどく》して、□の中《なか》の漢字《かんじ》を書《か》きましょう。

㊱ □《みせ》の□《まえ》 人《にん》□《ぎょう》と□《おも》った まねきネコ

㊲ □《てら》の□《みち》 あん□《ない》するよ □《きょう》のネコ

㊳ □《ちか》□《みち》を □《おし》えてくれる □《くろ》いネコ

㊴ □《しゃ》□《こう》てき あまえ上手《じょうず》な □《ちゃ》トラネコ

㊵ □《たの》しげに ネコが□《はし》るや □《むぎ》の□《あき》

2日目 にゃんこ豆ちしき ㊶

『たすけてほしくて、道《みち》あんない？』

2 今日《きょう》のにゃんこ豆《まめ》ちしきを読《よ》んでみよう！

近道《ちかみち》を 教《おし》えてくれる 黒《くろ》いネコ

道《みち》を歩《ある》いていると、どこからともなくあらわれるネコ。何《なん》どもふりかえりながら、あん内《ない》するように先《さき》を歩《ある》いていくことがあります。

これは、親《おや》ネコが子《こ》ネコをつれて歩《ある》くとき、ついてきているかかくにんするのと同《おな》じ行《こう》どうのようです。

親《おや》ネコは何《なに》かたすけてほしいことがあると、人《ひと》をよぶことがあります。

そのまま、ネコについていったら、ケガをしている子《こ》ネコがいたということも多《おお》いようです。

3日目

名前

あるある五七五 ⑭

1 つぎの五七五《ごしちご》を音読《おんどく》して、□の中《なか》の漢字《かんじ》を書《か》きましょう。

⑯ □《みせ》の□《まえ》 人《にん》□《ぎょう》と□《おも》った まねきネコ

⑰ □《てら》の□《みち》 あん□《ない》するよ □《きょう》のネコ

⑱ □《ちか》□《みち》を □《おし》えてくれる □《くろ》いネコ

⑲ □《しゃ》□《こう》てき あまえ上手《じょうず》な □《ちゃ》トラネコ

⑳ □《たの》しげに ネコが□《はし》るや □《むぎ》の□《あき》

3日目 にゃんこ豆ちしき ㊷

『がらによって、せいかくがかわる』

2 今日《きょう》のにゃんこ豆《まめ》ちしきを読《よ》んでみよう！

社交《しゃこう》てき　あまえ上手《じょうず》な　茶《ちゃ》トラネコ

シマシマもようのトラネコ、同《おな》じトラネコでもよく見《み》るといろいろな色《いろ》があります。

中《なか》でも、オレンジがかった明《あか》るい毛《け》色《いろ》の「茶《ちゃ》トラ」は、「オレンジ」ともよばれています。

茶《ちゃ》トラはオスが多《おお》く、十《じっ》ぴきいればそのうちの八《はっ》ぴきはオスといわれます。

そんな茶《ちゃ》トラですが、食《く》いしんぼうであまえ上手《じょうず》。だれとでもあそぶのがすきで、元気《げんき》な子《こ》が多《おお》いといわれています。

4日目

⑭のかくにん

／19点

名前

1 つぎの五七五《ごしちご》を音読《おんどく》して、□の中《なか》の漢字《かんじ》を書《か》きましょう。

⑯ □《みせ》の□《まえ》 人《にん》□《ぎょう》と□《おも》った まねきネコ

⑰ □《てら》の□《みち》 あん□《ない》するよ □《きょう》のネコ

⑱ □《ちか》□《みち》を □《おし》えてくれる □《くろ》いネコ

⑲ □《しゃ》□《こう》てき あまえ上手《じょうず》な □《ちゃ》トラネコ

⑳ □《たの》しげに ネコが□《はし》るや □《むぎ》の□《あき》

にゃんこ豆《まめ》ちしきけんてい ⑭

3点

2 にゃんこ豆《まめ》ちしきのけんてい問題《もんだい》にちょうせん！

① 前足《まえあし》を体《からだ》の下《した》にかくすすわり方《かた》は何《なに》すわり？

□□□□すわり

② 「道《みち》あん内《ない》」は、親《おや》ネコがだれをつれて歩《ある》くときにする？

□《こ》□□をつれて歩《ある》くとき

③ 茶《ちゃ》トラはオスとメスどちらが多《おお》い？

□□が多《おお》い

1日目

名前

あるある五七五 ⑮

1 つぎの五七五《ごしちご》を音読《おんどく》して、□の中《なか》の漢字《かんじ》をなぞりましょう。

㉑ 番《ばん》組《ぐみ》の　どう画《が》でちゅう目《もく》　人気《にんき》ねこ

㉒ 何《なん》回《かい》も　池《いけ》の近《ちか》くで　まようネコ

㉓ 親《しん》切《せつ》な　番《ばん》頭《とう》さんに　にゃんと言《い》う

㉔ うんどうし　広《ひろ》場《ば》にあつまる　多《おお》くのネコ

㉕ 晴《は》れ間《ま》から　光《ひかり》が当《あ》たり　わらい顔《がお》？

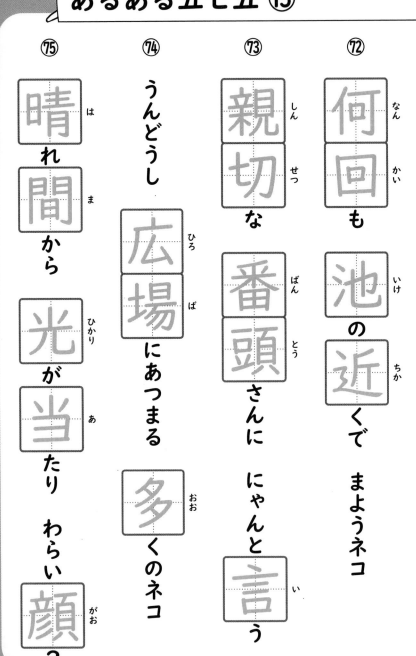

1日目　にゃんこ豆ちしき ㊸

『シャッター音《おん》はビックリする！』

② 今日《きょう》のにゃんこ豆《まめ》ちしきを読《よ》んでみよう！

番組《ばんぐみ》の　どう画《が》でちゅう目《もく》　人気《にんき》ねこ

テレビや、スマホのどう画《が》や画《が》ぞうでも人気《にんき》のネコ。

でも、ネコのしゃしんをとろうとしたら、シャッターの音《おと》でにげてしまうことがあります。

それは、ネコは耳《みみ》がよく、犬《いぬ》の二《に》ばい、人間《にんげん》の六《ろく》ばいから十《じゅう》ばいの音《おと》を聞《き》くことができるからです。

これは、ネズミなどの小《ちい》さな生《い》きものが出《だ》す小《ちい》さな音《おと》を聞《き》き分《わ》けて、その場《ば》しょをかくにんするためだといわれています。

2日目

名前

あるある五七五 ⑮

1 つぎの五七五《ごしちご》を音読《おんどく》して、□の中《なか》の漢字《かんじ》を書《か》きましょう。

⑦① 番《ばん》組《ぐみ》の　どう画《が》でちゅう目《もく》　人気《にんき》ねこ

⑦② 何《なん》回《かい》も　池《いけ》の近《ちか》くで　まようネコ

⑦③ 親《しん》切《せつ》な　番《ばん》頭《とう》さんに　にゃんと言《い》う

⑦④ うんどうし　広《ひろ》場《ば》にあつまる　多《おお》くのネコ

⑦⑤ 晴《は》れ間《ま》から　光《ひかり》が当《あ》たり　わらい顔《がお》？

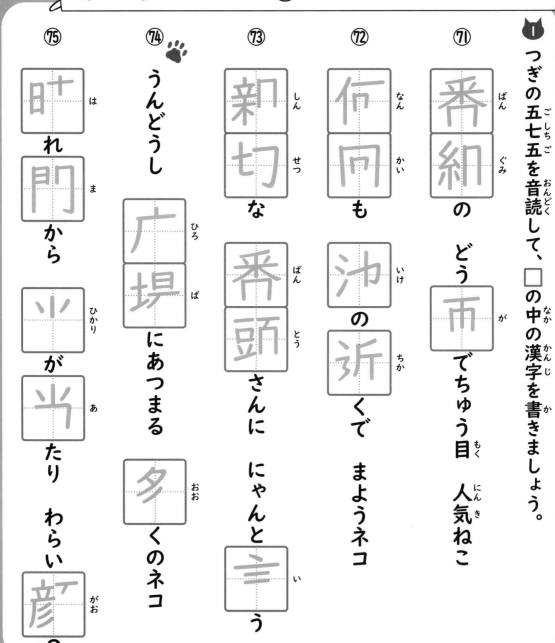

2日目　にゃんこ豆ちしき ㊹

『ネコのしゅう会《かい》』

2 今日《きょう》のにゃんこ豆《まめ》ちしきを読《よ》んでみよう！

うんどうし　広場《ひろば》にあつまる　多《おお》くのネコ

ネコがたくさんあつまって、気《き》もちよさそうにしているときがあります。

ネコは、夏《なつ》にはすずしく、冬《ふゆ》にはあたたかいところにいることが多《おお》いです。

ネコたちが、それぞれすごしやすい場《ば》しょをさがしたら、同《おな》じところにあつまってしまった……、ということもあります。ふだんは一《いっ》ぴきでいることが多《おお》くても、そんなときは少《すこ》しきょよりをとりつつ、リラックスしています。

3日目

名前

あるある五七五 ⑮

1 つぎの五七五《ごしちご》を音読《おんどく》して、□の中《なか》の漢字《かんじ》を書《か》きましょう。

⑪ □《ばん》□《ぐみ》の　どう□《が》でちゅう目《もく》　人気《にんき》ねこ

⑫ □《なん》□《かい》も　□《いけ》の□《ちか》くで　まようネコ

⑬ □《しん》□《せつ》な　□《ばん》□《とう》さんに　にゃんと□《い》う

⑭ うんどうし　□《ひろ》□《ば》にあつまる　□《おお》くのネコ

⑮ □《は》れ□《ま》から　□《ひかり》が□《あ》たり　わらい□《がお》？

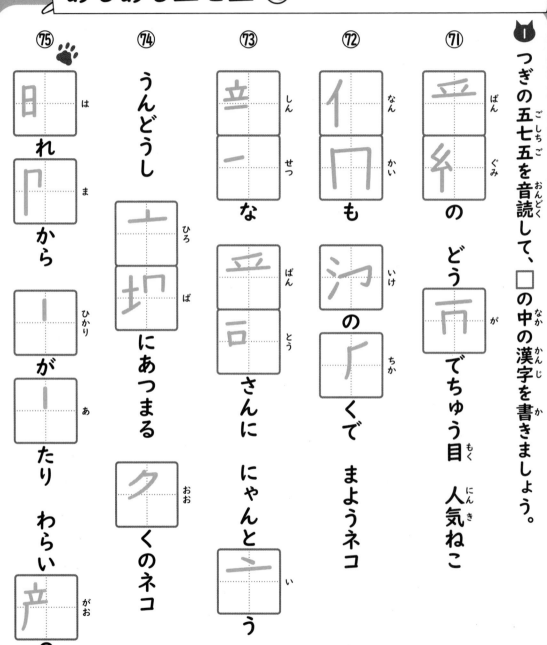

3日目 にゃんこ豆ちしき ㊺

『ネコのわらい顔《がお》』

2 今日《きょう》のにゃんこ豆《まめ》ちしきを読《よ》んでみよう！

晴《は》れ間《ま》から　光《ひかり》が当《あ》たり　わらい顔《がお》？

ネコも顔《かお》でうれしさをつたえます。まず、楽《たの》しいと目《め》を大《おお》きくひらくので、光《ひかり》が入《はい》ってキラキラします。ヒゲがピンとはって、ペロッとしたを出《だ》して見《み》せることも。

はなの色《いろ》がピンクや、うすい茶色《ちゃいろ》のネコの場合《ばあい》は、色《いろ》がこくなるとよころんでいるサインでもあります。

クルル～と高《たか》い声《こえ》を出《だ》したり、のどを鳴《な》らしたりするのもごきげんのサインです。

4日目

⑮のかくにん

／22点

名前

1 つぎの五七五《ごしちご》を音読《おんどく》して、□の中《なか》の漢字《かんじ》を書《か》きましょう。

㉑ □《ばん》□《ぐみ》の　どう□《が》でちゅう目《もく》　人気《にんき》ねこ

㉒ □《なん》□《かい》も　□《いけ》の□《ちか》くで　まようネコ

㉓ □《しん》□《せつ》な　□《ばん》□《とう》さんに　にゃんと□《い》う

㉔ うんどうし　□《ひろ》□《ば》にあつまる　□《おお》くのネコ

㉕ □《は》れ□《ま》から　□《ひかり》が□《あ》たり　わらい□《がお》？

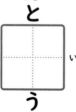

4日目 けんていもんだい

にゃんこ豆《まめ》ちしきけんてい ⑮

／3点

2 にゃんこ豆《まめ》ちしきのけんてい問題《もんだい》にちょうせん！

① ネコは人間《にんげん》の何《なん》ばいの音《おと》を聞《き》くことができる？

□《ろく》ばいから□《じゅう》ばい

② ネコが夏《なつ》によくいるのはどんなところ？

□□□□ところ

③ ネコがよろこぶと、体《からだ》のどこの色《いろ》がかわる？

□□の色《いろ》

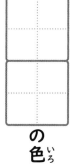

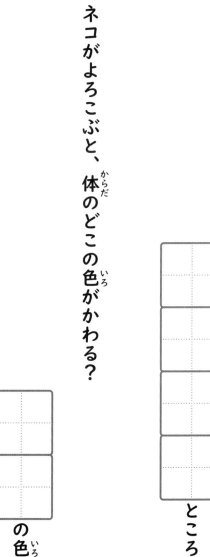

豆ちしきけんてい　答え（二年生）

にゃんこ豆ちしきけんてい　①
① なかまだと思っているから
② 十二時間から十六時間
③ 自分の場しょを知らせることになるから

にゃんこ豆ちしきけんてい　②
① 人が出かける時間
② かわったことやきけんはないかかくにんしている
③ 大すきな人に自分を見てもらいたいから

にゃんこ豆ちしきけんてい　③
① つま先立ち歩き
② てきからにおいをかくすため
③ 五ばい

にゃんこ豆ちしきけんてい　④
① かりのしかた
② 十四さいくらい
③ ピンと立てている

にゃんこ豆ちしきけんてい　⑤
① とびかかるタイミングをはかっている
② 七十六才くらい
③ 気もちよくすごせるところ

にゃんこ豆ちしきけんてい　⑥
① あん心してくらせているから
② 体や声の大きさ
③ 年に二回

にゃんこ豆ちしきけんてい　⑦
① 大切なセンサー
② 新しいかいぬしさんに出会うための活どう
③ さいしょにエサを見つけたネコ

にゃんこ豆ちしきけんてい　⑧
① さむいところ
② 高い場しょ
③ 生まれてから一年くらい

にゃんこ豆ちしきけんてい　⑨
① よろこばせたかったり、ほめてほしいから
② 風が当たらないところ
③ 七十五センチメートル先

にゃんこ豆ちしきけんてい　⑩
① 玉ねぎやチョコレート
② 自どう車
③ 人間に聞こえないくらい高い声だから

にゃんこ豆ちしきけんてい ⑪

① クッションになってくれる
② すきな場しょのじょうけん
③ 百メートルくらい

にゃんこ豆ちしきけんてい ⑫

① 大きな声を出したり、きゅうに近づくこと
② 体力がなくなってしまう
③ 十五年から二十年

にゃんこ豆ちしきけんてい ⑬

① ぬるめ
② 「うれしい」をつたえる
③ 体ちょうをくずしやすいきせつ

にゃんこ豆ちしきけんてい ⑭

① こうばこすわり
② 子ネコをつれて歩くとき
③ オスが多い

にゃんこ豆ちしきけんてい ⑮

① 六ばいから十ばい
② すずしいところ
③ はなの色

二年生でならう　かん字（一六〇字）

引羽雲園遠何科夏家歌画回会海
絵外角楽活間丸岩顔汽記帰弓牛
魚京強教近兄形計元言原戸古午
後語工公広交光考行高黄合谷国
黒今才細作算止市矢姉思紙寺自
時室社弱首秋週春書少場色食心
新親図数西声星晴切雪船線前組
走多太体台地池知茶昼長鳥朝直
通弟店点電刀冬当東答頭同道読
内南肉馬売買麦半番父風分聞米
歩母方北毎妹万明鳴
毛門夜野友用曜来里
理話

おぼえたら
赤えんぴつで
丸をしよう

にゃんこ豆ちしき

5 人とくらすネコは人をなか間だと思っている。

7 すいみん時間は十二時間から十六時間。

9 野らネコは自分の場しょを知らせないように鳴かない。

13 人が出かける時間をおぼえる。

15 かわったことやきけんがないか毎日見回り。

17 人に自分を見てもらいたくてアピールする。

21 いつもつま先立ち歩きしている。

23 トイレの後、すなをほってにおいをかくす。

25 体長の五ばいの高さまでジャンプする。

29 あそびでかりのしかたを学ぶ。

31 ネコ年れい十四才くらいでひとり立ち。

33 うれしいときはしっぽを立てる。

37 おしりをふってとびかかるタイミングをはかる。

39 十五年生きているネコは人間なら七十六才。

41 気もちよくすごせるところを見つける。

45 野らネコもあん心するとやさしい顔に。

47 体や声の大きさで強さがわかる。

49 年に二回子ネコをうむ。

53 ヒゲは大切なセンサー。

55 かいぬしさんに出会うためのほごネコ活どう。

57 さいしょにエサを見つけたネコから食べる。

61 さむいところがにが手。

63 高いところがすき。

65 生まれて一年くらいの体じゅうがベスト体じゅう。

69 人間をよろこばせたい。

71 車のタイヤは冬の風よけ。

73 七十五センチメートル先が見やすい。

77 玉ねぎやチョコレートはどく。

79 自どう車と同じくらいはやく走る。

81 人間に聞こえないくらい高い声で鳴く。

85 肉きゅうはクッションのやくわり。

87 だんボールはネコのすきなじょうけんがそろっている。

89 にげたネコは家から百メートルくらいのところにいる。

93 大きな声におどろいてこわがる。

95 ぬれると体力がなくなってしまう。

97 じゅみょうは十五年から二十年。

101 ネコ用ミルクをあげるときはぬるめで。

103 うれしいときにのどを鳴らす。

105 春は体ちょうをくずしやすいきせつ。

109 前足を体の下にかくすこうばこずわり。

111 子ネコと歩くとき、親ネコは何どもふりかえる。

113 茶トラネコにはオスが多い。

117 人間の六ばいから十ばいの音が聞ける。

119 夏はすずしいところにいる。

121 よろこぶとはなの色がこくなる。

あるある！ニャン漢字ドリル　小２

2023年３月20日

○著者／川岸雅詩

○監修／猫庭

○発行者／面屋洋

○発行所／フォーラム・A

〒530-0056　大阪市北区兎我野町15-13

ミユキビル3F

TEL／06-6365-5606　FAX／06-6365-5607

振替／00970-3-127184

○印刷・製本／光邦

○デザイン／美濃企画株式会社

○製作担当編集／田邉光喜

○企画／清風堂書店

○HP：http://www.foruma.co.jp

※乱丁・落丁本はおとりかえいたします。